好好恋爱

如何获得不焦虑的亲密关系

覃宇辉 著

中国纺织出版社有限公司

内 容 提 要

作为社会性动物，我们通过发展亲密关系来提升幸福感，为人生增添意义，成为更好的自己，但这个过程不是一帆风顺的。身处亲密关系的迷雾中，我们爱得越深，就越容易变得盲目，进而左支右绌、患得患失、斤斤计较，难以客观、理性地审视自己和对方的心情，也难以很好地去解读和解决关系中的症结。如何正确地应对亲密关系中的各种挑战，与对的人携手共同进步？这本书从情绪、人格、沟通、触发点、交往模式和原生家庭等角度，为处于苦恼中的人提供了心理学视角的点拨和帮助。

图书在版编目（CIP）数据

好好恋爱：如何获得不焦虑的亲密关系 / 覃宇辉著．
北京：中国纺织出版社有限公司，2025.2. -- ISBN 978-7-5229-2416-8

Ⅰ．C913.1-49

中国国家版本馆CIP数据核字第2024DX1110号

责任编辑：郝珊珊　　责任校对：高　涵　　责任印制：储志伟

中国纺织出版社有限公司出版发行
地址：北京市朝阳区百子湾东里A407号楼　邮政编码：100124
销售电话：010—67004322　传真：010—87155801
http://www.c-textilep.com
中国纺织出版社天猫旗舰店
官方微博 http://weibo.com/2119887771
天津千鹤文化传播有限公司印刷　各地新华书店经销
2025年2月第1版第1次印刷
开本：880×1230　1/32　印张：8.5
字数：212千字　定价：59.80元

凡购本书，如有缺页、倒页、脱页，由本社图书营销中心调换

再版序

时间飞逝,距离我的第一本书《亲密关系:如何得到想要的爱人和爱情》出版,已经整整 6 年了。最近,编辑问我是否愿意增添新的内容,修订再出版这本书。思索再三,我决定接受这一提议。

许多读者反馈,原先的 7 章 49 篇内容在全面性上略显不足,很多篇章是从女性的角度出发,男性在亲密关系中的困扰未能得到充分的解答。亲密关系中的冲突和困扰,往往在谈婚论嫁的阶段集中爆发。在关系即将升华、对双方的考验更加严峻的时候,如何让爱情的小船平稳前行,成为许多读者迫切希望得到答案的问题。

在这几年间,我的账号收到了大量关于亲密关系的来稿。许多读者在谈婚论嫁阶段遇到了各种实际的困扰,这些问题不仅具有代表性,而且值得深入探讨。

基于这些来稿,我决定增加 2 章 13 篇内容,从心理学的角度探讨男性和女性如何应对谈婚论嫁阶段的挑战。尤其是在两个家庭开始融合时,如何应对价值观、立场和成长背景差异带来的巨大摩擦和挑战。希望这些内容能够给投稿的读者以及有相同情感困境的人带来启发。

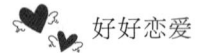 好好恋爱

　　一如既往地，文中所有来稿都已获得投稿人的出版授权，并经过适当加工和润色，隐去了可以识别投稿人的关键个人信息。同时，所有的心理分析也基于投稿人的信件内容，以及我作为心理咨询师有限的个案经验。这些内容可能让你有所借鉴，也可能没有，大家可以根据自己的情况，辩证地来看待。

　　希望我发出的这一点点光，能为你带来一些新的视角。

覃宇辉

2024 年 8 月 8 日于成都

初版序

嗨，你来了。

当你翻开这本小书，我假设你有一种渴望，即得到想要的爱人和爱情。

亲密关系从来不是一件易事。在相处的过程中，你和恋人可能遇到种种摩擦，导致爱情的小船行驶得没那么稳当。在你感觉摇摇欲坠时，或许渴望有人能帮自己一把，指出正确的方向，将感情从失控的边缘拉回正轨。但遗憾的是，很多人身边没有这样一束光，照亮那条通往幸福的路。

作为一名心理咨询师，我陪伴过很多来访者处理感情问题。从数百例的个案中，我发现亲密关系的很多特点和共性，总结出几套行之有效的治疗方案。遗憾的是，因为心理咨询的保密性原则，还有一对一的设置，这些临床经验不能有效地推广。

但看到越来越多的来访者带着相似的问题来找我，某种想法在萌芽：我能不能把6年的科学心理学训练，几年来的代表性案例（已获得授权），还有个人的咨询经验相结合，给情侣们提供来自咨询师的视角呢？

在这本小书里，我挑选了49个恋爱中的痛点问题，分析普遍性的原因，给出有操作性的调整方法，帮助你了解自己和对

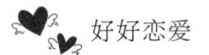 好好恋爱

象，规避感情中的雷区，学会提高关系质量的小技巧。这本书特别适合问题分散，对跟另一半的相处有很多困惑的人。

如果你内心自卑，在感情中过度焦虑，会知道如何进行情绪管理；总是黏着另一半，表现得很顺从的人，将理解依赖型和讨好型人格的特点；被恋人背叛，不敢再去爱和相信的你，可以掌握修复亲密关系的方法；如果我们缺乏沟通技巧，经常和另一半争吵或冷战，会明白沟通的正确打开方式。

要是没有太多恋爱经验，能学会如何识别毒恋人，以及跟恋人合拍的五个标志；在讨论原生家庭的章节，我们将深入地理解妈宝男、凤凰男，还有吸引渣男体质是怎样炼成的。最后一章是幸福之路，帮助你保持热恋的状态，挽回深深受伤的另一半。不管是没有对象的单身青年、热恋中的小情侣，还是分手后的失意人，都能从本书中找到慰藉和方向。

我很期待它成为陪伴你的枕边读物。睡前可以翻一翻，偶尔分享章节给恋人，或者身边为爱痛苦的朋友。能给你带来一点启发和帮助，就是我最大的快乐。

衷心希望你收获理想的亲密关系。

覃宇辉

2018 年春

目录

第一章
在恋爱中建立安全感 —— 001

- 我总感觉很差劲，配不上你的喜欢　`爱情中的自卑感`　002
- 你是不是不在乎我了　`控制不住的焦虑感`　006
- 我总是害怕你离开我　`为何如此缺乏安全感`　010
- 我害怕和你太过亲密　`理解亲密关系中的恐惧`　014
- 我喜欢揭他的短　`理解对恋人的敌意`　018
- 他成功了，我没有　`关系中的嫉妒感`　022
- 他凶我一句我就想哭　`容易失控的情绪`　026

第二章
恋爱中的人格识别 —— 031

- 一吵架，恋人就装鸵鸟和玩失踪　`理解回避型依恋`　032
- 我希望你听从我的安排　`恋爱中的控制欲`　036
- 冷战后，我总是主动求和的那个　`理解讨好型人格`　040
- 为什么你喜欢跟他作　`相处中的无理取闹`　044
- 我想时刻有他陪伴　`理解依赖型人格`　048

爱上伤害你的人　自我虐待倾向　　　　　052
为什么不敢跟恋人发火　忍气吞声的小美　　056

第三章
谈一场不分手的恋爱 ——— 061

我对他越来越失望了　爱情中理想的幻灭　　062
你的过去，我很介意　在意恋人的感情史　　066
他比你对我好　总拿前任和现任作比较　　　070
对象在社交软件上搞暧昧怎么办　三心二意的恋人　074
他出轨了，我该如何原谅　修复爱的裂痕　　078
男朋友有疑心病　恋人总担心我劈腿　　　　082
有对象却对其他人心动怎么办　关系外的诱惑　086

第四章
让爱在沟通中流淌 ——— 091

亲爱的，你和我说句话好不好　恋爱中的冷暴力　092
说不出口的道歉　不愿跟恋人承认错误　　　096
宝宝有小情绪了　合理地跟恋人表达不开心　100
一言不合就跟他吵架　对恋人越来越失去耐心　104
小事消磨了爱情　处理鸡毛蒜皮的矛盾　　　108

| 你能不能少说两句 | 跟爱抱怨的对象沟通 | 112 |
| 破冰小妙招 | 冷战后，可以这样打破僵局 | 116 |

第五章
好的恋爱，坏的恋爱 — 121

理想爱情是什么模样	亲密关系的三个标准	122
他让我在爱中受伤害	远离这三类毒恋人	126
因爱而彼此受滋养	和恋人合拍的五个标志	130
我们很好，在表面上	假性亲密关系	134
恋人对我忽冷忽热	不稳定的情感联系	138
以后都由我说了算	理解大男子主义	142
男友对我动过手	你的他有暴力倾向吗	146

第六章
摆脱并超越原生家庭 — 151

长大后，我就成了你	控制欲过强的母亲	152
希望他把我当女儿宠	缺席的父爱	156
亲爱的，你可以多些主见	"妈宝型"恋人	160
你的传统，我无法接受	"凤凰男"恋人	164
总是遇到错的人	"渣男收割机"是怎样炼成的	168

我对另一半没有信任感	拒绝复制出轨家庭的魔咒	172
我总是爱上有妇之夫	禁忌之恋的隐秘快感	176

第七章
在亲密关系中成长 — 181

相爱多年，我们还有激情	保持热恋的状态	182
分隔两地的情侣	异地恋，这样提供有效的关心	186
我不敢把自己交给他	走出爱无能的状态	190
抗拒亲热的他	如果恋人害怕身体接触	194
焐热冷了的心	挽回深深受伤的恋人	198
懂得他的好已经太迟	在相恋时好好珍惜	202
我还是想找前任复合	分手后如何走出来	206

第八章
婚姻的女性挑战 — 211

年纪渐长，该不该尽快找个人嫁了	恋爱的步调	212
不够甜的爱情，还值得继续吗	当期待不明确	217
未来的婆婆太强势，我该如何应对 难解的婆媳矛盾		220

男朋友出轨，我还能继续吗

    恋爱的契约具有隐含责任　　　　　　　　223

对象缺乏上进心，我们的未来会不会很惨淡

    不仅是恋人，还是队友　　　　　　　　　227

男朋友情绪不稳定，我们还能继续吗

    亲密关系中的"安全装置"　　　　　　　　231

男朋友变得孩子气，我该怎么办

    做恋人，不做替代性父母　　　　　　　　234

第九章
婚姻的男性挑战 ——— 239

女朋友条件一般，我该如何调整心态

    爱情的门当户对　　　　　　　　　　　　240

结婚生育的压力太大　　婚姻的选择　　　243

对象不想生孩子，我该怎么办　　生育的选择　　246

如何跟控制欲太强的女朋友相处　　培养相处模式　　250

女朋友嫌弃我的原生家庭怎么办　　当感情走向两个家庭　　253

女朋友过度扶持原生家庭　　责任的边界　　257

第一章

在恋爱中
建立安全感

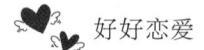 好好恋爱

> **我总感觉很差劲，配不上你的喜欢**

爱情中的自卑感

 关键词 | 真性自我，价值条件，投射

或许你常常有这种体会：喜欢上某个小哥哥或小姐姐，但自我感觉不够优秀，只好远远地看着不敢去追求；有很爱、很照顾自己的另一半，但觉得配不上对方，无法尽情地投入这段关系；总担心对方看到真正的自己后，会嫌弃地离开，每天生活在焦虑和恐惧中。

朋友可能会说："你条件又不差，不用担心那么多啦。"但无论怎么说服自己，我们还是会感觉很卑微，很难相信我们真的值得被喜欢，这段亲密关系是安全而稳固的。

为什么在谈恋爱的时候，我们总是那么缺乏自信，没办法坦然地去爱和被爱？

在亲密关系中感觉很自卑，是因为伪装的面具卸下，那个不被接纳的自我逐渐暴露出来。每个人都有两层自我，一个是真实的、不设防的自己；另一个是伪装的、察言观色的自己。为了融入集体，我们会穿上一层厚厚的伪装，迎合别人的期待，从而成

为一个受欢迎的人，但内心仍然恐惧着：抛开这层伪装，还会有人喜欢我吗？两颗心贴得越近，真实的状态越容易被发现。我们强烈地担心着：当他看到不够好的自己，会和其他人一样不屑地离开。距离的拉近激活了曾经付出信任又被深深伤害的恐惧。于是在喜欢的人面前，我们再次变成那个自我怀疑、缺乏价值感的小孩。

在亲密关系中感觉卑微，也有可能是价值条件化，认为只有足够好的自己才配得上这段感情。当我们说"我不值得你喜欢"时，其实是把双方的价值放在了天平上。如果自己的条件比较差，或者对方的付出明显多于自己，我们会感到很不安，想要告诉另一半"我"何德何能被"你"爱。仿佛只有达到某种要求，才配得上别人的爱和关心。亲密关系好像成了一种等价交换，需要不断积累资本去换取。

这种卑微，也是因为接收了太多自卑性投射，习惯用弱小去衬托别人的权力感。很多心理不够强大的父母，希望自己一直被孩子依赖，永远做他们的支柱。如果爸爸妈妈那么无所不能，孩子只能将自己变得弱小，这样才能配合父母膨胀的自我感觉。习惯了不平等、缺乏力量感的关系模式，在和恋人相处时，我们也会不自觉地照搬从前那一套：摆出低姿态来讨好对方，通过满足他自我夸大的愿望来维持感情。

那应该如何走出低自尊的状态呢？

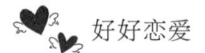 好好恋爱

很重要的一点，是更多地展示真实的一面，在他人的肯定中积累良好的自我认同。或许从前付出信任又被辜负的经历，让我们感觉做自己并不安全，流露真实的想法和情绪会被攻击。但如果因为曾经的创伤把真实的自我完全封闭起来，结果就是身上的包袱越来越沉重，过得压抑而不快乐。如果能在值得信任的人面前打开心扉，得到正面的回应，那就会获得一种感觉——真正的我也是会被接纳的，慢慢累积起积极的自我认同感。当真性的自体逐渐成长起来，发展得足够强大，我们也就不再担心卸下伪装后，恋人看到不够优秀的自己而失望离开。

去除价值条件化，相信无须满足外界的期待，我们每个人都可以因为"我是我"而被爱。太习惯于在达到别人的要求之后，自己的需要才被看到，那亲密关系就变成了交易：如果拿不出对应的筹码，满足特定的条件，就不配去拥有。这也让我们在面对一段美好的感情时，可能因为自卑感无法尽情投入。一个可能的解决方法，是反思自己根深蒂固的价值条件化思维，告诉自己："我不用做到九十分，也是一个好孩子，也可以得到想要的玩具熊。"清除亲密关系中功利化的部分，意识到有一种爱是无条件的，做自己而不去迎合别人也能被喜欢，不匹配导致的焦虑感会大大降低。

区分早年和现在的状态，准确认识自身能力，不因恐惧一次次地重复糟糕的关系模式。有时候，亲密关系中的低价值感是我

们主动的选择。或许曾遭受过太多的贬低和打击,我们习惯了放低姿态,讨好对方,保护自己不受太多伤害。不妨问问自己:"感觉很卑微无力的时候,我的状态是一个有力量的成年人,还是从前那个弱小的孩子?"要清楚地认识到,现在的我,不再是从前那个缺乏自保能力的小孩,而是一个有决断力和自主性的成年人,可以对贬低自我、抬高他人的心理游戏说"不"。

从过去的无力感中挣脱出来,以成年人的视角看待亲密关系,因恐惧伤害而放低姿态的情况也会得到极大的改变。

 好好恋爱

> "你是不是不在乎我了"

控制不住的焦虑感

关键词 | 自卑,不合理信念,扩大化思维

深爱一个人的时候,焦虑感也如影随形。

"他是不是不在乎我了,怎么电话没以前多?""他态度很冷淡,是心情不好还是对我有意见?""他真的喜欢我吗,还是只想玩一玩?"太多顾虑把我们捆绑住。即便恋人是自己的理想型,亲密关系也一帆风顺,自己也没办法安下心来,好好享受爱情。

我的朋友小妍就是这种情况。她说自己嫁给了爱情——和自己心仪已久的男生在一起。但才过去几周,幸福感就被焦虑替代:男朋友那么优秀,我何德何能跟那么好的他相爱?内心的自卑感,让她开始寻找感情中的不安定因子,比如有漂亮女生找他要微信,比如他最近加班越来越频繁。每天活在被抛弃的恐惧里,焦虑指数不断上升。

为什么焦虑感就像幽灵,在我们的感情中徘徊不去?

以小妍为例,她的焦虑来源于自卑感。她总觉得自己配不上

对方，两个人在一起是恋人低就了。所以在面对外界的风险因素时，她没有底气能打赢爱情保卫战，让自己相信"我就是他最好的选择"。她就像一只担惊受怕的兔子，总担心有猛兽会突然出现，把她视若珍宝的亲密关系夺走。如果小妍心中的自我形象很强大，就像森林中的万兽之王那样，有着舍我其谁的气场，那她就不会为感情中的风吹草动而焦虑，因为双方是势均力敌的状态。我们同样值得被爱、被尊重，也有足够的能力来应对亲密关系危机。

焦虑感难以控制，也是因为根深蒂固的不合理信念，比如"我们必须走下去""有什么问题一定能处理"。这些想法之所以带来困扰，是因为现实不以人的意志为转移。我们都期待感情长长久久，但谁又能担保真的能永远不分开？一旦开始强求现实，期待做到这个、必须那个，那必然会体验到幻想和现实的落差，内心变得很焦虑。我们的执念越深，这种心理冲突就越严重。就像觉得感情不能出问题的人，亲密关系出现裂痕时会更难受。如果允许爱情有波折甚至触礁，那有状况时反而能从容应对。

除了自卑和不合理信念，扩大化的思维也是痛点之一。在亲密关系中，我们经常听到这样的声音："你经常加班，是不是趁机去见其他人？""干吗不接我电话，有什么不满你就直接说啊！"当我们无法采取就事论事的态度，而是上纲上线，通过一件小事把恋人所有的付出都推翻时，自己也很容易陷入焦虑的状

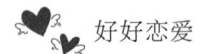 好好恋爱

态。用正确的尺度去看待问题很重要。就像不接电话是一个事实，而对我们有不满，是我们对恋人动机的猜测。如果没有以实际情况为依据，而是把消极的脑补当成真实，那我们就会控制不住地担心。因为人的猜测是无穷无尽的，任由想象驰骋，不起眼的矛盾也能掀起惊涛骇浪。

那怎样把焦虑感驱散，跟恋人相处时心态更平和？

对于受自卑感影响的人来说，得到恋人亲口确认的爱很重要，找到自己独特的竞争力也很重要。有些人觉得把爱放在心里，平时用行动对另一半好就足够。但是很少听到"我爱你"的女生，内心不免会怀疑："他真的喜欢我吗？"要是经常听到甜言蜜语，听到对象说喜欢自己，那因自卑而变得不确定的我们，也会少一分焦虑感。担心被取代也是焦虑女孩们的梦魇。所以除了被动地接受爱，自己也要创造被爱的底气。如果在恋人的生活中，我们扮演着至关重要的角色，像是郁闷时瞬间逗乐他的开心果，或者最懂他的知己，那这段亲密关系会变得更稳固。

要理解爱是不能强求的，放下"必须""一定"的不合理信念。那些容易为感情而焦虑的人，往往也是喜欢钻牛角尖的人。她们总觉得感情不能出问题，恋人也不能有变心的倾向，一旦遇到模糊的情境没法百分百确认时，焦虑感就疯狂地生长。我们要一遍遍提醒自己："这是在要求绝对化的控制，放到现实中是无法实现的。"要让主观和客观达成一致，避免产生心理冲突。同

时也要做好最坏的打算：如果感情真的亮红灯，我们可以怎样去应对？做好自己能做的，对于无能为力的事情学会接受，心态也会平衡很多。

最后要增强现实感，学会根据实锤而不是自己的猜测去看待问题。能够就事论事很重要。如果恋人半小时没回电话，就戏很多地脑补"他是不是要冷落我""他肯定跟别的女人在一起，不方便接电话"，那等待的每一分钟都变得很煎熬。特别是当对方其实是在忙工作，手机静音没听到时，那自己的脑补就是在制造无谓的焦虑。可能更好的方式，还是先预设恋人是值得信任的。如果没有出轨的实锤，就不往那个方向去想。至于没及时回自己消息，可以在事后问他原因，要是真没时间，让他记得说声"在忙"，省得我们过度担心。这样一来，焦虑感也能得到有效缓解。

 好好恋爱

" 我总是害怕你离开我 "

为何如此缺乏安全感

关键词 ｜ 过度投入，自我满足，早年创伤

或许你很缺乏安全感：恋人一生气板着脸，你心里就委屈又害怕，急急忙忙地向对方解释，百般讨好；聊着聊着另一半突然没有回应，你就像天塌了一样崩溃，无法自拔地往最坏的方面去想，沉浸在深深的负面情绪里；恋人忙于工作没有太多时间陪伴你，你感觉像是被全世界抛弃，陷入孤苦无依的痛苦和无助中。

为什么我们难以放下强烈的不安，好好享受这段感情呢？

爱情让我们越来越多地将注意力聚焦在恋人身上，把亲密关系当成生活的全部。有了心爱的男/女朋友后，很多人每天和对方腻在一起，不自觉地慢慢放弃爱好和小伙伴，甚至感觉"这辈子只要有他就足够了"。但鸡蛋都放进同一个篮子里，我们也会不自觉地担心："这段感情可靠吗？""如果他抛弃我怎么办？"

把情感需要都寄托在恋人身上，实际上已经把主动权完全交给了对方。失去防御的铠甲，我们开始变得敏感而脆弱，无法承担一点失去的风险。如果产生矛盾，恋人有敷衍和不耐烦的迹

第一章 | 在恋爱中建立安全感

象，我们会陷入深深的不安中——因为感情中的一点风吹草动，都有可能带给我们巨大的伤害啊。

缺乏安全感，也是因为太沉迷于恋人的呵护，忘记我们其实有自我满足的能力。每个人都希望和恋人建立紧密的情感联结，得到另一半的照顾。只是有些人在恋爱中会退回到小孩子的状态：吃饭要陪着，难过要哄着，没有恋人的关心就无法生活。

的确，去依赖一个人的感觉非常好。只是亲密关系终究有间隙，总有恋人不在场的时候。如果忽略了经营自己的生活，那独处时心里会很焦虑："他不在身边，我该怎么过啊？"好像只有另一半的爱，才能支撑自己活下去。无法正视亲密关系中的"巨婴模式"，没有学会自我满足，不安就会紧紧笼罩这一段感情。

强烈的不安，也来源于深深的自卑，不相信自己值得被爱，不确信这段亲密关系能长久地维系下去。在感情中很悲观，表面上看是另一半没有给足安全感，现实中有太多不可控因素，让人产生深深的无力感。实际上这一切的根源，可能是我们心中藏着一个渺小的自己。从没被好好珍爱过的孩子，无法从原生家庭中获得自信，发展出"我的需要会被满足"的底气。这个遗憾，可能演变成他们内心巨大的空洞，需要另一半很多很多的爱才能填满。所以安全感的缺乏，或许不是恋人做得不够好，而是我们在呼唤更多的爱，修复从前的创伤。

 好好恋爱

那在亲密关系中总是缺乏安全感怎么办？

很重要的一点，是跟恋人保持合理距离，在二人世界外经营好自己的生活。把所有注意力都放在感情上，就像拿放大镜去看这段关系，一些小波澜都会引起巨大的内心震荡。所以要提醒自己："过犹不及。在亲密关系中留一些空间，反而会和他相处得更好。"在享受感情的同时，把时间也分配到读书、健身等自我提升的活动上。在分散注意力的同时成就更好的自己，提升亲密关系的质量，降低恋人少说一句晚安或少打一通电话所带来的焦虑感。

此外，也需要改变完全依赖另一半给予的"巨婴模式"，提高自我满足的能力。不安全感，往往也来源于一种婴儿般的思维：没有你，我无法独立地生活。当依赖变成一种根深蒂固的习惯，我们会忘记其实自己早已具备自我满足的能力，没有另一半的照顾我们同样可以过得很好。

所以在亲密关系中感觉无助时，不妨告诉自己："我是有自我照顾能力的成年人，不是需要依赖别人的小孩。我依靠自己就能过得很好。"发掘更多满足情感需要的渠道，比如写心情日记、和闺蜜倾诉、参加各种兴趣班和线下聚会。逐渐从巨婴模式过渡到成年人模式，我们能体会到更多的信心和力量感，减少内心的恐惧。

最后也需要面对过去的创伤经历，不让早年的遗憾影响自己

的亲密关系。当我们感觉对方的承诺和证明不够，心里很不安，不妨问问自己："是他做得不够好，还是我在要求他弥补我曾经情感上的缺失呢？"如果我们能认识到，不安全感的根源不是另一半，而是自己早年的创伤经历，那就能把恋人和从前伤害自己的形象区分开来，减少对另一半的怀疑。不再把过去的关系模式代入到现在的感情中，让自己从被忽视的角色中解脱出来，累积被爱、被尊重的体验，那我们就能慢慢树立起积极的自我观念，缓解恋爱中的不安全感。

 好好恋爱

我害怕和你太过亲密

理解亲密关系中的恐惧

关键词 | 自我接纳，情感浓度，创伤经历

你是否有过这样的经历：和恋人的感情升温时，突然感觉很焦虑，想逃避承诺和进一步的关系；交往的小哥哥邀请自己去旅游，特别不想住一间房，害怕他提出要亲热；恋人提出换情侣头像，在朋友圈公开，自己很犹豫，担心感情破裂，高调秀的恩爱成为笑话。

有时候我们明明很喜欢一个人，内心却充满种种顾虑，总担心不好的事情发生，自己会受到严重的伤害。当恋人感觉到我们的逃避和抗拒，他可能会认为我们爱得不够，内心充满强烈的挫败感。

为什么我们总是害怕太亲密，不敢敞开心扉去爱另一半？

当自卑感转化为对恋人的怀疑，我们对感情会有强烈的不安。或许我们表面光鲜亮丽，自信而强大，但内心其实住着一个自卑的小孩。她总觉得自己糟糕透顶，不值得被爱，害怕恋人看到自己真实的状态后，会嫌弃地离开。对感情很恐惧，或许也根

源于自卑感和无法自我接纳的状态。

有些人缺乏经验,需要时间去适应热烈的爱。有些女孩子从小家教很严,被灌输"要矜持"的观念。受原生家庭影响,她们很少有机会去疯狂地喜欢一个人,和对象好好亲热。如果用水温打比方,她们的舒适区就是"温水",不习惯太多的激情。如果从"温水"切换到"热水"模式,就要跳出安全区,进入一个相对陌生的领域。未知的东西最让人恐惧,如果没把握适应得很好,我们也不敢轻易跨出这一步。

害怕过于亲密的人,也许是曾在感情中受过深深的伤害,不敢再轻易地相信。有时不是恋人的问题,而是我们经历过惨痛的背叛。掏心掏肺对前任好,换来的却是他的冷漠和不耐烦。完全地投入一段关系,最后却被那么轻易地抛弃,好像自己对他一点都不重要。或许连自己都没意识到,前任留下的创伤,让我们潜意识中将"信任"与"伤害"紧紧联系在一起,不敢轻易放下防备去爱一个人。所以恋人可能很好、很体贴,我们对感情仍然充满顾虑。

那该如何调整对亲密关系的恐惧?

一是要接纳内心"不够好"的小孩,与自己和解。在认识上自我调整,告诉自己不是非得完美才有资格被爱。"如果连我都嫌弃内心的小孩,还有谁会去欣赏他呢?"放下功利的评判标准,别因为真实自我不是别人眼里的那样而排斥他,内心的自我

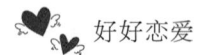 好好恋爱

厌恶也会少很多,没那么害怕对方会嫌弃自己。

二是累积因为我是我而被爱的经历,改变内心的自我形象。适应社会游戏规则的同时,我们要有自己的坚持,并向懂得的人开放。当你发现,并不是所有人都只看你成不成功,有些人还在乎你是谁时,你内心的小孩会得到很大的鼓励。不断累积这样的体验,有更多因为真实自我而结交的朋友,对自己的评价也会更积极。

三是和恋人沟通,给自己更多跳出"舒适区"的时间。突然被恋人要求更多激情,我们当然会很害怕。可以这样告诉他:"亲爱的,我这个人比较慢热,需要多点时间去适应,不是对你冷漠和排斥。"可以从拥抱和亲吻开始,对自己和另一半的身体进行慢慢探索,循序渐进地进行亲密行为。当有缓冲期和足够的心理准备,自己的恐惧感会大大降低。

四是分清过去与现在,不把对前任的怀疑转移到现任身上。请将亲密关系看成一盘拼图。或许有一块是痛苦,让我们心碎的,但这只是拼图的一部分。我们仍然有其他独立的碎片,有被爱、被在乎的可能。所以对亲密关系感到恐惧时,要告诉自己:"过去只是拼图的一块,和现在彼此独立。这段感情可以是不一样的,我要了解真正的他。"区分过去和现在,把前任的影响留在过去,恐惧感也会有所降低。

五是保持适度的边界感,寻找更多情感支持的渠道。有些人

一旦深爱，就会把恋人当成全部，整个世界围绕对方转，不再有自己的生活。如果对象变得冷淡了，就像抽掉唯一的情感支撑，带给我们的打击是毁灭性的。可能的解决方法，是在爱对方的同时，仍然经营好自己的生活，寻找更多的情感支点。周末约闺蜜出来逛街吃饭，感受友谊的滋养；玩自己喜欢的摄影和绘画，学会享受独处的乐趣。有多个情感支点，我们就没那么恐惧自己被抛弃。

与内心不完美的小孩和解，学会在两人世界与自我间找到平衡，我们的亲密关系会进展得更顺利。

 好好恋爱

> ## 我喜欢揭他的短

理解对恋人的敌意

关键词 ｜ 竞争感，嫉妒心理，自卑性投射

✉ **暴躁的樱桃：**

您好！有件事想请教您：总是喜欢戳男朋友痛处怎么办？我这个人什么都好，就是嘴特贫，而且爱在朋友面前损他，让他下不来台。我印象最深的一次，是他聚会时说接了一个千万级IP，很快就要赚得盆满钵满，走上人生巅峰了。但我知道他只是小角色，在这个项目里打杂而已，就是借着大佬的名声来抬高自己。所以我当场冷笑几声："你不掂量一下自己几斤几两。"气得他好久没跟我说话。

平时也是这样的。我总是喜欢挑他毛病，说他哪里哪里做得不好。他自尊心又强，经常会跟我吵架甚至动手。虽然知道这样很伤感情，但我真的控制不住自己。一看到他在跟别人吹牛，或者自我膨胀了，我就忍不住要打击他。您说是怎么回事呢？

第一章 在恋爱中建立安全感

 覃宇辉：

樱桃你好。看到你的描述，感觉最让你无法忍受的，是恋人自吹自擂，把他的地位抬得很高。你不允许他这样嘚瑟和美化自己，所以总要跟他唱反调——毫不留情地戳他的痛处，让他在朋友那里颜面尽失，从神坛上狠狠地摔落下来。就像是最亲密的敌人，虽然两个人是有感情的，但也掩盖不了对另一方强烈的敌意。

那为什么总要去揭他的短，让男朋友没脸呢？

这可能是一种应激反应——看到他在自我炫耀，感觉受到了严重挑衅，于是忍不住狠狠地攻击他。在亲密关系里，我们并非总能为恋人感到自豪，也会有跟他较劲的想法。如果你总是憋着一口气，想要用超过他的方式来证明自己，那两个人就会变成竞争对手般的存在。看到你的对手在那里扬扬自得，一个劲儿地炫耀他的成绩，又有谁能咽得下这口气呢？究其根本，还是思维模式进入误区。如果你能够意识到，恋人的炫耀并不是在针对你、打压你，那看到他吹牛就不会那么生气了。

除了竞争性的思维模式，嫉妒心理也在起作用。虽然你对他的吹牛咬牙切齿，想要把这张牛皮给戳穿，但这样在众人面前自我夸大和美化，被人崇拜"哇，好厉害啊"，会不会也是一件让人暗爽的事呢？心理学家认为，你意识层面反感甚至厌恶的

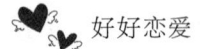 好好恋爱

东西，其实也是被压抑到潜意识里的愿望。如果你表面上谦虚低调，刻意回避出风头的行为，那么内心同样具有表现欲，想要得到其他人的关注，于是看到另一半吹嘘自己，可能会有强烈的嫉妒心——"我都没有炫耀过，你凭什么在那吹嘘，跟人耍威风？"因为自身缺失，所以也不想恋人得到，以免唤醒潜意识里求关注的冲动，打破"保持低调"的为人准则。

戳恋人的痛点，也是因为自卑感的投射。越不自信的人，往往越觉得别人歧视他，或者把其他人的行为看成"装"，对他们抱有敌视的态度。实际上，周围世界就像镜子，能映射出我们自身的状态。如果你特别自卑，潜意识里瞧不起自己，就会把攻击性投射到外界，觉得身边都是冷眼和嘲笑。放到这个情境中是同样的：当我们内心存在自我否定，也更容易把对方的行为解读为打压，感到愤怒，然后想反击回去。

那该如何消除亲密关系中的敌意呢？

划定明确的界线，区分被针对和没有被针对的状态。很多时候我们感觉是恋人冒犯在先，自己受了委屈才反击。但在互相伤害之前，我们要先确认一件事：对方是真的冲我来，还是自己太敏感，其实他只是想在朋友那求关注？不妨学习"事不关己"的态度，不管他说什么、做什么，只要没有明确地提到我们，就当成与己无关的事轻轻带过。不假设刀口对准自己，过度解读模棱两可的情境，那应激反应也会减少很多。

理解内心的表现欲，寻找机会满足自我实现的需要。与其压抑我们出风头、想得到其他人关注的愿望，不如通过合适的渠道将它升华。记得告诉自己："我虽然低调做人，但可以高调做事。"像是在工作方面，把领导布置的任务都完成好，多做复盘和总结，不断提高专业度以赢得外界认可。还要注意打造自己的人脉，定期组织线下活动，多参加同行和校友的交流会，整合资源成为朋友圈的纽带。当你突破观念的限制，在环境中获得足够多的成就感，就不会再因为嫉妒而打压另一半。

最后，要改变消极的自我观念，避免把敌意投射给恋人。当你觉得恋人是在秀优越，内心瞧不起你时，要反问自己一句："是他看不起我，还是我潜意识里看不起自己，还甩锅到他身上呢？"觉察到自卑性投射的影响，看到潜意识层面的自我攻击，我们对另一半的敌意会大大缓解。当然，打铁还需自身硬，最重要的是做些你认为值得骄傲的事，让自己看得起自己：比如突破一直以来的胆小，面对困难更勇敢；被失败打击也没有崩溃，充满韧劲地坚持到最后。用积累正向的自我认同感，把自卑的空洞填补起来，我们也能更平和地与对象相处。

 好好恋爱

他成功了，我没有

关系中的嫉妒感

关键词 ｜ 自我否定，全能幻想，积极建构

✉ **依依：**

覃先生你好，我最近感觉很焦虑。我的男朋友事业越来越成功。他接了几个大案子，做得很好，被老板赏识，估计很快就要受提拔了。虽然道理上应该为他开心，但其实我还蛮嫉妒的。内心的想法是："啊——，你这家伙怎么比我强那么多。我还苦哈哈地打杂呢。"不甘心这样站在山脚下，眼睁睁看对方走上人生巅峰，跟他的差距越拉越大。

这种情绪还蛮影响关系的吧。因为我现在很敏感，对他的一举一动都容易想很多。有一次他开玩笑地说："结婚以后别工作了，我养你。"我立刻就爆炸了，很生气地吼他："你什么意思，嫌我赚太少只配家里蹲是吧？"把他整得都不知所措了。很多时候也是胜负心过强，总想要压他一头，证明我并非一无是处的废物。但被压制久了他也很烦躁，现在经常跟我吵。您说该怎么办？

第一章 | 在恋爱中建立安全感

 **覃宇辉：**

依依你好。我能体会这种嫉妒的感觉。看着另一半有很好的发展，自己却原地踏步或者进展缓慢，我们内心是会很失落的。这种心理落差演变成嫉妒，或许是因为强烈的自卑感。在潜意识层面，很多人极度不自信。他们觉得自己一无是处，做什么都会搞砸，是彻头彻尾的失败者。为了不被挫败感击垮，他们会穿上一层保护色——自尊。凡事都要争第一，得到外界的肯定和赞美，以此来向自己证明："嘿，我其实不错哟。"如果伴侣做得更好，或者有更高的社会地位，那我们就在竞争中处于弱势，再次感受到成为失败者的威胁，以及紧随其后的焦虑和恐惧感。

如果无法面对这弱小的自己，可能会将矛头指向外界——把对自身无能的愤怒，转化成对恋人的嫉妒。仿佛通过间接的方式攻击他，释放所有敌意和负面情绪，我们就能抵御来自内心的自我否定。实际上，如果不把自卑的空洞修复好，焦虑感会一直存在，让你生活在被恋人超过的不安里。所以要解决对恋人的嫉妒，我们首先要树立自信心。具体来说，需要找到自己的核心竞争力——一个重要的精神支柱，帮助你保持"我很优秀"的自我认同感。这样即便恋人发展得更好，我们也可以告诉自己："没关系啊，我的社交能力很强，大家各有各的精彩。"在比较中保持平和的心态。

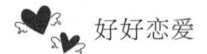 好好恋爱

想平息内心的妒火,我们也要接纳现实,充分享受已拥有的幸福。当我们嫉妒另一半时,实际上是用自己的短处跟他竞争,想得到自己缺少的优点。这反映出你潜意识层面的贪婪——想让全部美好的东西都属于自己,事事压过恋人一头。有这种想法的人,一般比较自恋,存在"我无所不能"的全能幻想。就像普普通通的小孩,也会想象自己成为超级英雄,站在世界的巅峰,无人能敌。如果另一半过得顺风顺水而自己没有,这个落差会让我们从美梦中惊醒,开始意识到:原来我并不是主角,没有呼风唤雨、掌控全局的本事。所以我们嫉妒另一半——他拥有你想要却遥不可及的人生,打破了你无所不能的假象,让你看清楚自己内在的匮乏和无力。

所以要自我提醒:"人生不易,有一两样成功就很好,不能强求所有方面都比他强。"当你愿意放下"我最强大"的自恋感,坦然接受自身的弱小和局限性,反而能更宽容地看待恋人事业上的成功。只有承认不足,我们才会想办法提升自己,而非把精力消耗在嫉妒对方上。除此之外,还要去感恩已拥有的幸福。或许在很多方面,你没有恋人那样突出的成绩,但同样值得开香槟来庆祝。不信扪心自问:"你是否愿意放弃一切,跟他交换人生?"如果答案是否定的,就证明你也有很多宝贵经历,不需要太嫉妒对方。

同时,不妨用积极的方式建构问题,把嫉妒转变为有益的情

绪。看到恋人慢慢走上人生巅峰，而我们还在原地踏步，心理落差是难免的。但是我们应对的方式不一定是嫉妒，或用各种方式压制对方；可以找到两人的利益共同点，以及促进自身成长的部分。比如他要去上进修班或者研讨会，就能将前沿成果跟我们分享，帮助我们增长专业知识和眼界。或者他们公司要找合作方，匹配的话可以把资源留下，促成自己的人脉和业绩。将恋人的发展和自身机遇结合在一起，两个人相互扶持和进步，那我们就不会总是眼红他的成就。

很多时候，恋人间的步调难免有差异。当另一半走得比较快时，与其嫉妒他的速度，想要把对方压制回原来的水平，不如把这个差异看作成长的契机：你身边有一个先行者，可以给你提供充分的资源和指导。我们所要做的，就是利用机会把潜力兑现，重新恢复与他并肩的状态。共同成长而非相互嫉妒、阻碍，这或许才是理想的亲密关系。

> 他凶我一句我就想哭

容易失控的情绪

关键词 | 心理落差，自我边界，多核运转

对所有人都能保持冷静，只有跟恋人在一起时情绪失控。你是否感觉"膝盖中了一箭"？

有些女生平时很坚强，但一被男朋友凶就掉眼泪，感觉像天塌了一样；有些人无法接受对象的批评，情绪激动地跟他吵，直到对方认输为止；还有些人总担心走不到最后，一有风吹草动就焦虑，幻想对象抛弃自己去找其他人。

站在理性的角度上，我们或许明白：难以控制的情绪会伤害恋人，甚至导致关系的破裂，但是当事情真正发生时，所有感觉都涌上头顶，我们又会不自觉地重蹈覆辙，与恋人大吵大闹，甚至将他逼到崩溃才罢休。朋友 Y 告诉我："他那么坚强的一个人，居然被我骂到蒙住脸哭，我才意识到当时自己有多可怕。"

为什么内心的凶兽总会释放出来，伤害到自己最亲密的人？

很重要的原因，是内心对恋人有"你应该非常懂我"的期待，把他想象成百分百契合的灵魂伴侣。所以当对方有不同意

第一章 | 在恋爱中建立安全感

见,或者让自己在感情中受委屈时,这种美好的幻想就被打破了。我们终于认识到,原来他并没有想象中那么理解自己,甚至可能转头喜欢上其他人。意识到现实的残酷面,我们像是从天堂掉落到地狱,被深深的痛苦和沮丧感包围。那如何处理汹涌的负能量?很多人的第一反应,是攻击让自己难过的"罪魁祸首"——另一半,把所有情绪发泄到他身上,缓解期待落空的幻灭感。

情绪失控的原因,还有模糊的边界感。当两个人处于"你中有我,我中有你"的状态时,我们感觉另一半已经是自己人,可以不加掩饰地跟他表达情绪,不用像对待外人那么小心翼翼。如果对方也默认这种相处模式,愿意在我们不开心时做出气筒,亲密关系很容易失去分寸。恋人的忍让会不断地增强我们的安全感,甚至让我们觉得:"无论我怎么作和闹,他都不会离开。"结果就是:我们越来越像被宠坏的小孩,肆无忌惮地跟另一半发作,完全意识不到要控制情绪,要尊重对方的底线。

无法管理好情绪,也跟把太多心思放在对方身上有关。有些女生被周围的人冷嘲热讽都不掉泪,但被恋人说一句就受不了。这种反差,和内心的在乎程度有很大关系。或许在面对路人甲时,她们可以对自己说:"这些人在我心里没什么分量,怎么说都无所谓。"但在亲密关系里,她们把情感需要都寄托在恋人身上,把他看成唯一的指望。男朋友占据如此重要的位置时,我们也赋予他伤害自己的权力。轻飘飘的一句话就可以穿透防御,重重地击打在我们心上。这也是为什么越爱的一方，越容易被恋人牵动情绪，失去控制。

那该如何控制负面情绪这头猛虎，不再伤人伤己呢？

分清理想恋人和现实恋人的区别，接受另一半真实的状态。很多时候，我们爱上的并不是对象本人，而是心目中想象的他。现实中的恋人就像一个容器，承载我们对爱情的美好幻想。当发现对方不是我们期待的那样，心理落差也会导致情绪的波动。所以要问自己："我爱上的是他，还是那个理想的恋人？"如果是后者，要学会放下幻想，看见他真实的模样。把认识建立在实际情况上，避免用理想去强求对方，我们就能减少失落感，更好地管理情绪。

保持自我边界，在感情中掌握分寸也很重要。很多事都是过犹不及。当我们和恋人水乳交融，好得就像一个人，往往也是矛盾的开始。因为在认识层面，我们很有安全感，觉得对方能包容自己所有的坏脾气。而从现实层面来说，再亲密无间的两个人，终究还是有彼此的界线在。随意踩另一半的雷区，会把感情慢慢消磨干净，最终无可挽回。所以被男友宠坏，情绪越来越失控的女生，可以提醒自己："人的耐心是有限度的，做得太过分对方也无法接受。"了解并尊重另一半的底线，以更成熟的方式相处。

要做好恋爱中的情绪管理，也需要寻找更多的情感支点，做到没有恋人也能活得很好。很多人的相处是一对一的模式，只想跟对象过二人世界，完全忽略去经营好自己的生活。如果喜怒哀乐只跟他分享，除此之外找不到其他情感寄托，那我们的小宇宙就会慢慢变成单核运转。要是这个核心出现状况，哪怕只是一点小故障，带来的动荡也是灾难性的。所以要保持情绪稳定，我们需要丰满自己的生活：除了恋人，还有家人、朋友、自己热衷的事业和爱好……找到其他情感滋养的来源，多个核心共同运转。如此，我们就不会总担心失去另一半，每天生活在焦虑和恐惧中。

第二章

恋爱中的人格识别

CHAPTER 2

> 一吵架，恋人就装鸵鸟和玩失踪

理解回避型依恋

关键词 | 心理容量，安全感，表达能力

你会不会感觉，和习惯逃避的恋人相处特别心累？

想要听几句甜言蜜语，对方却眼神游移，支支吾吾，一句承诺都说不出口；掏心掏肺讲很多心里话，恋人却轻描淡写地"嗯"一声，冷漠得好像完全没听到；争吵后对方一连几天玩失踪，电话不接、消息不回，自己气得快要爆炸，他却说只是想静一静。

为什么回避型依恋的他总是习惯保持距离，无法给我们期待中的亲密和坦诚？

恋人习惯逃避，是因为冲突的强度超过他的心理承受范围。每个人的耐受力都是有限的。当外界带来的压力过大，超出自己内心的"红色警戒线"，那我们可能会想要立刻逃走。对于回避型依恋的另一半来说，他承载情绪的能力很弱，一点矛盾就能触发"报警机制"。强烈的焦虑，会让他产生想要回避甚至逃跑的冲动。

另一半表现出回避型依恋模式，是因为对亲密关系抱有悲观的预期。他们总害怕这段感情走不到最后，所以才在快要沦陷前把我们推开。或许我们觉得"关系发展到现在，你也该多说些甜言蜜语给我听"，但是做出承诺、建立更深入的情感联系，会唤起恋人的不安全感："我付出那么多，如果关系破裂了怎么办？"根深蒂固的不安全感和较低的风险承受能力，让恋人难以回应我们对他的爱和期待。

习惯装鸵鸟和玩失踪，也是缺乏自我觉察和表达能力的体现。在被要求和发生争吵时，恋人心里有很多情绪，比如要做出承诺时的担心、对两人未来的不确定，或者争吵时的愤怒。如果他无法洞察自己的情绪状态，那莫名的烦躁可能会占据主导。他会变得情绪化，用冷漠和逃避来对待自己爱的人，让恋人在煎熬中体会难以言说的焦虑。所以习惯性回避，或许也是在用行为来说"潜台词"，让恋人"听"懂其内心的负面情绪。

那该怎样做，才能更好地与回避型依恋的他交流呢？

1. 设定冲突时的"休战"信号，给对方自我调整的时间。

不妨和另一半约定：感觉压力很大想逃避时，可以主动发出停战信号，并且预估冷静所需要的时间，比如说"我要中场休息，两小时"。我们听到这话，不管心里对他有多不满都暂时压住，等平复下心情再回来沟通。当这样的冲突解决模式形成，恋人会感觉："我是安全的，可以随时叫停。"随着安全感和信任感的建立，恋人的情绪耐受力增强，不会一有风吹草动就"报警"，随时准备开启逃跑模式。

2. 帮助恋人找到调节方法，鼓励他及时排解负面情绪。

有时候，另一半的回避是外界因素导致的，比如工作压力大、和同事处得不开心等。带着满满负能量，小矛盾也变成压垮骆驼的最后一根稻草。可以鼓励对象积极健身，时不时和朋友出去打球，或者聚会时大吃一顿。当恋人找到宣泄负面情绪的方法，并且及时进行了调整，就不容易堆积情绪到临界点，最终选择逃避。

3. 给恋人提供稳定的情感支持，让他建立对亲密关系的信心。

对象有回避型的依恋模式，很重要的原因在于强烈的焦虑和不信任感。他总担心感情会破裂，我们离他而去。要破解这一点，就需要用坚定的言语、神态和肢体动作告诉对方："亲爱的，我会在这里陪着你，不离不弃。"在他想要躲闪的时候，默默地给他空间调整；当他需要温暖的安慰时，也及时出现满足他的心理需要。经过数次的试探，恋人会慢慢相信："有人愿意包容我，给我理解和支持。"积累足够的安全体验，另一半也会改变对感情的悲观预期，不会再对承诺那么顾虑。

4. 和恋人一起理解他的情绪，引导他用语言来表达自己。

如果情绪无法用言语表达，就可能通过行为传递。我们的感受就像镜子，能够映照出对象的内心愿望。比如当自己希望他多说甜言蜜语，对方却没有回应时，就可以利用情绪去理解恋人："亲爱的，当你没有回应我的时候，我真的感觉很失望、很痛苦，也很没有安全感。你是不是感觉心里没有底，担心满足不了我的期待呢？"而等他说"是啊，我心里很焦虑，总担心……"的时候，就可以引导他慢慢打开话匣子，把内心的顾虑都讲出来，而不是一味用逃避来呈现负面情绪。

理解另一半回避行为背后的"潜台词"，耐心地陪伴他调整，沟通问题会逐渐得到改善。

好好恋爱

> 我希望你听从我的安排

恋爱中的控制欲

关键词 | 自我怀疑，不安全型依恋，早年缺失

或许你是爱情中的控制狂：一旦喜欢上某个人，总忍不住翻他的聊天记录，不放过一丝暧昧的痕迹；恋人在外应酬没有及时回电话，就信息连环轰炸，把另一半折腾得很紧张；要求对象完全听从自己的安排，软硬兼施，想尽一切办法逼迫对方就范。

可能刚开始恋人愿意包容，让我们体会到十足的权力感。但长期缺乏自主权，另一半也会不满，把亲密关系变成一场权力的争夺赛。当控制欲终于摧毁了爱情，我们才感觉后悔："为什么不能稍微放手，给他多一些自由？"

控制欲增强，是因为爱情让我们暴露软肋，不相信恋人会喜欢这样的自己，需要用对方的服从来获得心安。或许在外人眼中，我们强大而冷静，能够很好地搞定各种问题。但只有自己清楚，其实我们是不够好，配不上别人称赞的。

强烈的自我怀疑投射到恋人身上，变成对他的猜忌："你了解我之后，会嫌弃地离开。"这让我们对另一半充满了不信任。

正因为感觉自己不值得被爱,也不相信恋人眼中的自己是美好的,需要用"爱我,就让我控制你"的方法相处,通过对方的忍让进行确认,才让另一半奋起反抗,让我们在失败中更加自我怀疑。

想要控制另一半,是由于无法消除内心的不安,只好把目光投向外界,通过监控感情中的风吹草动来获得安全感。有这样一个故事:为了走山路不被石头扎脚,国王下令杀牛取皮铺路,缓解自己行走的痛苦。这时候有个大臣建议:"国王啊,与其铺路,用牛皮包住您的双脚不是更好吗?"或许在亲密关系里,我们就是那个国王,想要恋人给我们很多很多承诺,确保感情万无一失,我们不会有被抛弃的风险。

在爱情中变成控制狂,也是为了完全地占有另一半,弥补早年亲子关系中控制感的缺失。每个人都渴望无微不至的关怀,需要被悉心地照顾。如果在原生家庭里,我们得到过这种爱的滋养,那就会潜移默化地相信:"我是好孩子,我的需要会被满足。"安全型依恋也慢慢建立起来,我们相信自己可以放心地探索世界。因为不用回头就知道,有一个人会在身后陪伴我们。

而没有得到过情感和控制感满足的孩子,内心会有深深的遗憾。他们会担心:"如果我很痛苦,或者变得很差劲,会有人来爱我、照顾我吗?"他们不能相信别人,也无法相信自己。为了能放心地去依赖,他们想要完全地控制恋人,贪婪地索取另一半的关心，占据对方所有的注意力。在控制感的满足中，我们会重新体验亲密、安全感和良好的自我形象，逐渐弥补早年缺失造成的巨大创伤。所以控制欲增强，也是把对父母的期待转移到恋人身上，满足一直被压抑的需要。

那该如何缓解控制欲，减少它对亲密关系的破坏呢？

1. 找到更多自我认同的方法，避免通过控制恋人来提升价值感。

除了向另一半索要爱的证明，还可以发挥主动性，自己去寻找认同感的满足。比如回忆过去生活中积极的"例外"，找到曾经被无条件包容的例子，说服自己相信，有人不会嫌弃我们的黑暗面；或者主动给朋友或恋人发"信息调查表"，询问他们对真实的我们有何感受。或许自认为很糟糕的你，在另一半眼里却很可爱。感受到来自恋人的肯定，自我怀疑会减少很多，也就不会通过控制对方来缓解内心的焦虑。

2. 学习沟通和冲突解决技巧，更好地满足自己的情感需要。

请把对恋人的强求变成对自己的修炼。可以学习如何控制自己的情绪，心平气和地与恋人交流，让对方更愿意理解并满足我们的需求；出现矛盾时避免一味地埋怨对方，用攻击、命令恋人的方式来表达自己的委屈，把亲密关系变成一次又一次的互相伤害；学会增加生活的情趣，比如布置烛光晚餐，安排共同的旅行，分享喜欢的书或电影，提高两人相处的质量。在亲密关系中不断成长，学会用健康的方式满足爱的需要，也就不会再使用控制感这个杀伤力极大的策略了。

3. 摆脱早年经历的桎梏，逐渐建立起安全型的依恋模式。

可以对自己说："我已经长大了，能把自己照顾得很好。我虽然需要他，但是也可以独立地生活。"同时给这段亲密关系做个评估："另一半对我是爱和包容，还是像从前那些人一样伤害我？"当发现不安是过去其他关系中感受的迁移，而非恋人造成的，我们内心的焦虑会极大地降低，也能慢慢建立起良性的关系模式。

> 冷战后，我总是主动求和的那个

理解讨好型人格

关键词 | 不对等，情感寄托，习得性无助

亲密关系中的讨好常常发生：争吵时总是首先服软的那一个，过不了多久就哀求和恋人重归于好；对方一皱眉，我们就紧张又担心，想出一切办法来哄他开心；费尽心思了解恋人的喜好，拼命向那个标准靠拢，努力变成他们期待的样子。

为什么在感情里，我们总会不自觉地放低姿态，习惯性地迁就恋人？

很重要的原因，是将对方看得太完美，把自己摆在卑微的位置上。当价值的天平偏向恋人，我们会不自觉地把讨好当作一种砝码，拼命去填补"高攀"的自卑感。耀眼的你选择跟平庸的我在一起，我无以为报，只能通过更多地迁就你，包容你的坏脾气来回馈这份爱。每一次低声下气的道歉背后，或许都隐藏着这样的信念："跟他在一起就够幸运了，多容忍一些也应该。"通过讨好，我们试图缩小双方的不对等，尽力维持一段势均力敌的亲密关系。

习惯性地讨好另一半,是因为情感需要的满足都寄托在对方身上——恋人变成我们生活中最重要的支点,失去他好像整个世界都会崩溃。强烈的恐惧,也让我们变成总是首先挽回的那一个。在谈恋爱的时候,很多人享受"被宠溺"的幸福感。但如果太贪恋这种照顾,把重心完全转移到二人世界上,也在无形中埋下了隐患:情感无法独立,是否被满足完全取决于恋人,抗风险能力几乎为零。一旦对方变得冷淡,我们就像天塌了一般,整个人既绝望又痛苦。正是因为这种被动和有求于人的局面,我们会变得患得患失,小心翼翼地讨好另一半,无法承受哪怕一点失去对方的风险。

容忍和迁就恋人,也是因为遭受过太多打击,逐渐默认了伤害性的相处模式,不敢去期待平等的关系。有这样一个"习得性无助"的故事:鳄鱼被困在有玻璃挡板的小池子里。刚开始,它疯狂地撞击挡板想要逃离。一次次头破血流的失败后,鳄鱼绝望了,它逐渐接受"无法逃脱"的命运,即便挡板被抽掉,也不再试图逃走。

这个故事同样适用于我们。如果长期被父母打压,我们会逐渐感觉:我很糟糕,配不上平等的对待。带着根深蒂固的卑微感,即便走出了原生家庭,遇到尊重自己的恋人,我们仍然会担心:"当我提出要求,他会答应,还是会像父母那样伤害我?"充满伤害的过去,让我们没有信心摆脱讨好模式,放松自在地和他相处。

那我们该如何调整自己的心态，更平等地与恋人交流呢？

1. 破除把人商品化，放在价值天平上称量的思维。

把感情当作相互扶持、相互关心的过程，而非付出和回报必须对等的交易。我们可以告诉自己："虽然现在更多是他在照顾我，但等以后我成长起来，也可以为他分担一些，大家相互扶持着走下去。"用动态、长远的眼光看待这段感情，而不是将它当成一场即时的等价交换，和恋人相处时心态也会更平和。

2. 把鸡蛋放到不同的篮子里，做到情感独立，不依附于另一半而活。

很多人都能意识到收入结构要多样化，不能只依靠那点固定工资。但在恋爱时，我们却容易把情感需要都转移到恋人身上，放弃其他情感支点。改变讨好型的相处模式，要在情感上保持自我满足的能力，比如做好职业规划，不断在工作中获得成就感；保持让自己放松和平静的爱好，坚持运动、读书和定期的旅行；持续经营自己的小圈子，不时和闺蜜出去逛逛街或者大吃一顿，从友谊中获得充足的滋养。当我们在亲密关系外保留自己的世界，有多种获得情感支持的渠道，那面对恋人时也会少几分害怕失去的恐惧。

3. 打破思想观念的枷锁，给自己敞开心扉，尝试新亲密关系模式的勇气。

很多人说，因为从小受到太多的嘲讽和打击，自己已不敢相信会得到平等和尊重的爱，总担心放弃讨好模式会引发极其严重的后果。就算恋人不会像父母那样对待我们，自己也会因为害怕，延续原生家庭中退让的相处方式。

要跳出"习得性讨好"的状态，我们需要不断积累新的被理解和尊重的体验。就像太极"阴"和"阳"此消彼长的状态，当我们不断体会到新的、积极的相处状态，内心的恐惧也会向安全感转化，让自己更有勇气作出调整，迈出不过度讨好的一步。同时经常提醒自己："现在环境安全，我也已经成年，有足够的能力去创造和享受健康的亲密关系。"认识到环境的改变和自身的力量，也就更有勇气去突破内心的限制，摆脱让自己痛苦的讨好模式。

为什么你喜欢跟他作

相处中的无理取闹

> 关键词 │ 心理距离，情绪表达，低价值感

当亲密关系进行到一定程度时，作的情况似乎难以避免。

原先善解人意的你，只要看到他打游戏就会黑脸；担心他对不够好的自己失望，故意展示糟糕的一面考验他；害怕自己会被抛弃，一遍遍地索要承诺和证明。

当另一半开始变得不耐烦，甚至爆发激烈冲突时，我们又会陷入深深的懊悔：这段关系怎么会走到这一步？

为什么我们就是无法抑制作的冲动，把恋爱搞砸？

这种恋爱中的无理取闹，和人际关系的距离有很大关系。关系并不亲近时，我们是彼此独立的个体，理智会告诉自己：要克制住情绪，不对恋人提太多要求。而随着亲密关系的深入，两个人的边界逐渐融合在一起，从我变成了我们。这时候，你的期待变了：他应该更看重我，包容我的感受。

要小性子也是想告诉对方：本宝宝有小情绪了，再不来哄哄我，你将失去你的宝宝。面对外人时，我们会把想法解释清楚，

但对着亲密盟友，难免感觉：我们都那么亲密了，有些话不说你也该懂吧？所以当男朋友没有及时、恰当地回应自己的要求时，内心的委屈就会转变成闹腾。

闹脾气也是用攻击的方式表达"我需要你"，避免直接承认自己感受到的卑微感。试想一下，如果直白地说出"亲爱的，我好希望你一直疼我、保护我"，你的内心是否会感觉自己很弱小？为了不露出软肋，避免承担被恋人识破的风险，我们会通过作而不是沟通的方式表达需要。

此外，耍小性子也是引诱对方攻击自己，无意识地把关系搞砸。有些人的家庭关系很紧张：父母严厉，动辄批评和打骂小孩。在这样的环境中生长，孩子内心会怀疑："我真的值得别人对我好吗？"低价值感，就像一片浓稠的黑影，完全笼罩在他们心灵的天空上。一味地作，表面上看像是寻求爱的证明，用对方的包容给自己安全感，但导致的结果，往往是恋人忍无可忍后的情绪爆发，再次复制早期和父母糟糕的关系。因为在潜意识里，我们还是那个不配被疼爱的自卑的孩子。

那该如何脱离这种糟糕的关系模式呢？

在过度和克制间找到平衡，对恋人保持合理的期待。在百分制的评价表上，我们可能对恋人预设了100分。即便他做到80分，带来的也是巨大的失望和不满。请把期待设置在60分，告诉自己："有时候我都搞不懂自己，要求他完全理解我，不是有点强人所难吗？"因为曾经不被理解，就把弥补内心遗憾的责任完全交给另一半，这或许对他太过沉重。可以这样想："他做到60分就可以。剩下的40分，我们以后一起完成。"把60分当作关系的及格线，就能更好地包容恋人身上的不足，减少对他的吹毛求疵和悲观失望。

分清现实和幻想中的恐惧，尝试去描述并表达莫名的情绪。我们可能感觉："暴露真实的情绪会被别人利用并伤害。"但要记得询问自己："我想象中会伤害我的，究竟是恋人，还是其他人呢？"不去做区分，亲爱的他也可能是伤害自己的坏人。当意识到这份恐惧源于过去，与他无关，对于沟通也会多一分安全感。

同时，很多人的问题是嘴比较笨，有情绪不知如何表达。平时要向自己提问："我现在有什么感受？"尝试去命名自己的情绪。比如他很久不回消息，那我们或许会觉得："我很愤怒，因为觉得被忽视了。我担心他是否还爱我。我心里好委屈啊。"梳理出愤怒、担心和委屈等情绪，也就把无名之火变成有名之火，掌控在理智范围内，避免因为一时冲动而指责对方，爆发更激烈的冲突。

最后，需要卸下原生家庭的包袱，相信自己值得被爱，值得一段健康的亲密关系。很多家庭的特质会代代相传。父母被上一辈严厉地管教，从未体会过柔软的温情；所以在和我们相处时，更多是批评、打压和控制，不知道如何好好爱孩子。这种伤害性的关系模式,就像一个沉重的包裹,一代又一代传承下来,最终由父母塞到我们手里。虽然代际传递很难打破,但不代表只能被动地接受。请告诉自己:"这个消极的家传特质,他们递过来,但我可以不接受。"把这个诅咒般的礼物放在一边,跳出原生家庭的范围,寻找更值得模仿的亲密关系方面的榜样。

有一天你会发现,不用作,自己的声音也能被听到。

> 我想时刻有他陪伴

理解依赖型人格

关键词 | 退行，依赖型人格，重心倾斜

谈恋爱的时候，我们很容易一直想念对方，希望 24 小时有他陪在身边。

我的来访者小雅就倾诉过："我特别黏男朋友，总想跟他待在一起，亲他、抱他，已经到了有点影响工作，甚至让他厌倦的程度。"但自己像是中了魔咒，控制不住对恋人强烈的依恋。10 分钟内没回电话，便不断重复拨号，不能忍受他对自己的不理会。平时也牺牲很多社交和爱好，只为跟对方有更多的相处时间。即便因为工作而分居两地，也要每晚开着视频，有他注视着才能安心入睡。

为什么如此需要恋人的陪伴，他不在就焦虑得难以忍受呢？

因为退行回了小孩子的状态，需要他所有的关注跟呵护。在认定另一半以后，很多人会觉得有了可靠的肩膀，可以毫无保留地展现自己的脆弱面。就像在外流浪的孩子，重新回到父母的怀抱，不用再像独自一人时强撑着坚强。甚至因为依恋的需要长期被压抑,现在找到了合适的机会,就拼命地填补从前的遗憾。表现出来的行为是:特别黏着恋人,想要占据他所有的注意力,像是婴儿对母亲般强烈地需要。或许对方一开始还愿意配合,甚至能从照顾我们中获取很多成就感,但长此以往,属于成年人的部分会让他们不满:"你怎么那么黏人,给我一些个人空间好吗?"他们想要摆脱太过紧密的情感联结。

想恋人时刻陪伴在身边,是因为依赖型人格——一个人时太孤单无助,必须跟他在一起才有安全感。有些女孩子从小被宠到大,遇到问题都是父母帮忙解决,习惯了依赖其他人。如果被抛到孤立无援的处境里,她们会有极大的不适应感。当进入亲密关系,她们也会对另一半有同样的期待:无微不至的关怀,替她们做主安排好所有事。像是温室里娇贵的花朵,必须要园丁 24 小时不停歇地盯着,才能保证自己健康顺利地存活。缺乏自我支撑的能力,我们也会对独立感到恐慌,本能地紧紧抓住另一半。

渴望跟恋人整天在一起,也可能是逐渐养成的相处模式——重心太多地往感情上倾斜,最后失去了自我。当另一半成为生活的全部,我们也很难克制对他的在乎。周围有男生抱怨:"她原来看着很独立,但是谈恋爱之后,越来越习惯依赖,什么事都要拉上我一起。"但是作为旁观者,我也能看到女生心理活动的变化:减少工作和社交的频率,把大部分精力放在二人世界上,自然也期待恋人给自己更多关注。如果只看到女生的黏人,忽视了她对亲密关系的投入和付出，那就很难理解对方不断增强的情感需要。

那该如何调整心态，摆脱过度依赖恋人的情况呢？

重新恢复成年人的理智，不将对方摆在照顾者的位置上。恋人的可靠，很容易让我们产生幻想：在他面前可以脱下所有伪装，变成一个肆无忌惮索要爱的小孩。当心理退行回婴儿时期，要给自己敲响警钟："对方的忍耐是有限度的。逃避成年人的担当，所有压力就会转移到对方身上，把感情一点点消磨掉。"要认识到过度依赖对亲密关系的伤害，将双方的位置调整回平等、有所保留的状态。回归成年人的视角，我们才会跳出婴儿的共生幻想，理解再相爱的两个人也需要自己的空间。

调整依赖型人格，慢慢培养自我决断的能力。每天都要跟恋人腻在一起，也是太习惯对方的保护。一旦独自去面对风雨，内心的恐慌感就会把我们淹没。要解决这个问题，也需要更多锻炼和依靠自身的力量。比如准备搬到另一个城市生活，可以试着自己找新的公寓，打包衣服、杂物，联系搬家公司运送行李；晚上没有人陪很孤单，先按捺住给他打电话的冲动，自己看看热闹的综艺、想想明天的工作计划来转移注意力。在生活和心理层面都能独立，我们就对自己的能力更有信心，不再是离开他就无法支撑的藤蔓。

我们要克制过度的投入，避免把所有情感需要都寄托在对方身上，找到亲密关系和独立自我的平衡。生活重心完全向恋人倾斜，我们很难做到不对他有更多的依赖。因为原先由工作、友谊提供的情感滋养，现在基本上被切断了。我们只剩对方这一个供应渠道，所以也会越来越黏他、需要他。要调整这个情况，我们就得寻找更多生活的支点，在其他地方获得情感的满足。

> ## 爱上伤害你的人

自我虐待倾向

关键词 | 强迫性重复，低自尊，俄狄浦斯冲突

有些爱情，是特别卑微的存在。有个来访者跟我叙述她的状态："我的男朋友明确说了，他对我没多少感情，就是看我长得还行，跟朋友见面拿得出手，才愿意来追一下我。"她叹了一口气："也不知道能在一起多久。因为他对我不够满意，找到更合适的就会分了。"

听了她的遭遇，我的感觉是震惊又难过。因为任何听到这些话的人，都能体会到其中的轻佻和不尊重。在她男朋友的心里，爱的成分非常稀薄。这个女孩子被当成好看的芭比娃娃，以及在朋友圈炫耀的工具，她被物化而不是当成平等的人来对待。难过的是，即便男友如此凉薄，她仍然选择维系这段亲密关系，情愿忍受他带给自己的贬低和伤害。

为什么会爱上伤害自己的人？

这是在重复糟糕的亲密关系，让自己再经历一遍过去的痛苦。生物都有趋利避害的本能，但对于某些伤害，我们反而会主动地往枪口上撞。因为比起自己陌生的相处模式，那些带着贬低和嘲笑，却无比熟悉的关系，会带给我们更多的安全感和控制感。很多女孩子从小就被父母冷嘲热讽：成绩稍微下滑就被骂成猪，开始学着打扮就被说是妖里妖气。她们习惯了父母施加虐待的感觉。等这种不平等的模式彻底内化，她们会本能地跟不尊重自己的男朋友在一起，反而很难适应好好呵护她们的男生。就像被困在笼子里很久的鸟，向往自由却又对离开舒适区感到恐惧。

她们往往还有较低的自尊，不敢去要求更好的对待。有些人其实意识到了感情中的问题，希望能够做调整，但是真的要跟另一半提意见时，内心就会产生恐惧感："我跟他提意见的话，会不会惹他不高兴？""要是他很生气，要跟我分手的话怎么办？"害怕两个人产生激烈的冲突，担心两人的关系因此破裂，她们情愿自己痛苦也忍住不去表达。但从根本原因来看，还是自尊感过低，难以相信自己有资格被尊重和呵护。如果不懂得爱自己，总是为了讨好对方而妥协，那即便关系已经变质也很难选择放手。

很多人有严重的俄狄浦斯冲突，内心对于获得幸福充满恐惧。相信很多人听说过俄狄浦斯，一个弑父娶母，最后刺瞎双眼作为自我惩罚的王子。从象征层面来说，每个人都是俄狄浦斯：想要变得快乐，又担心愿望的实现会带来可怕后果。所以为了避免惩罚，他们情愿一辈子活在父母设定的框架里，不做任何会伤害到爸爸妈妈感受的事。比如父母经常吵架，过得非常痛苦，那我们也会预设亲密关系是充满伤害性的。如果自己胆敢找合适的人，从此过上幸福的生活，潜意识就会觉得：父母还在水深火热中，你怎么能一个人快乐？太不应该了！因为良心的谴责而陷入深深的焦虑。

爱上伤害自己的人，我们要如何调整？

探索新的关系模式，学会跳出舒适区很重要。鸟儿被关在笼中太久，获得自由后仍然留在原地——不是它失去了飞翔的能力，而是没了冲劲，对外面的世界感到很恐惧。如果自己从前一直处于伤害性的亲密关系中，要试着克服焦虑感，尝试更平等的相处模式。可以先从周围的朋友开始，学会拒绝让自己不舒服的玩笑，比如："别再讲我是猪精女孩了，人家真的会不高兴啦！"体会平等的关系是什么状态，当自己逐渐适应和敢于说"不"，也更有底气抵抗来自恋人的伤害。

还要认可自身价值，在爱另一半之前先要珍惜自己。不懂得珍惜自己的人，就像"破窗效应"里那台窗户被砸坏的车，诱导周围的人越过底线，肆无忌惮地伤害自己。而要爱自己，就是要修复低自尊造成的漏洞，让对象无法玩弄和操纵我们的弱点。立好规矩是非常重要的一点。比如自己不想再忍他的挑剔，就在他每一次越界时怼回去："你总说我这不好、那不好，以这个标准来看，我是不是也要给你列十大罪状？"让恋人明白不尊重人是会被反击的，让他培养起互不干涉的边界意识。只有双方回到势均力敌的位置上，这段亲密关系才有良性发展的可能。

最后要学会超越原生家庭，享受属于自己的幸福。

很多女孩子条件很好，完全有能力快乐地生活，但是被父母糟糕的关系所限制。她们不敢抛下爸爸妈妈独自享乐，否则潜意识里会产生强烈的愧疚感。我们要对自己说："我的身体属于我，爱情属于我，要过怎样的人生也由我定，我拥有百分之百的自主权。"学会从原生家庭中分离出来，变成跟父母完全独立的个体。当我们不再是爸爸妈妈的一部分，就会放弃跟他们同步的潜意识念头，走出让自己痛苦不堪的感情，没有思想包袱地过想要的生活。

为什么不敢跟恋人发火

忍气吞声的小美

> 关键词 | 回避冲突，自卑性投射，安全体验

你会不会陷入这样的状态：对恋人有很多负面情绪，但无论多难受都会忍耐，一想到和他发生争执就感到害怕？

我的来访者小美有这个情况。她生活在一个并不和谐的家庭。父亲脾气不好，对她动辄打骂，总说她是废物。妈妈是家庭主妇，依靠爸爸的工资生活，也无力去保护小美。妈妈总说："这个家都是爸爸撑起来的，你要好好听话，忍一忍就过去了。"但是这一忍，却让小美养成了回避冲突的习惯，遇到争吵总想要远远地躲开。几任男友都抱怨过："小美，有什么事你说啊，总赌着气这日子怎么过啊？"但小美无法控制自己，她不敢向恋人发火，只能用冷战来表达不满。她感觉很苦恼：我这是怎么了？

为什么我们总是回避矛盾，有话不敢好好说？

小美的例子，其实是典型的回避冲突。这源于爸爸的自卑性投射：不敢面对变得中年油腻，正在衰老的自己，于是把这种自卑感都甩锅给小美。他把女儿斥责为废物，仿佛自己就站在权力

的高地上了。而小美潜移默化地接受了这一点，也默认自己是没有价值的。再加上母亲做了一个"卑微者"的示范，小美只好模仿她：一声不吭，回避冲突。虽然事业成功，但小美心里仍然住着一个弱小、无力反抗的孩子。她害怕发生冲突会被男友抛弃，就像父亲威胁母亲那样。

实际上，也无人来容纳小美不安的心情，让她有一个安全的环境。心理学上认为，我们会将自身的焦虑投射给他人。如果其他人能容纳，让我们感觉安全，那我们会更有信心去面对压力。可惜的是，小美的爸爸对她动辄打骂，漠视她的安全感需要；母亲唯唯诺诺，不能给予她有效的保护。在小美的成长中，她学会的更多是压抑痛苦，逃避屈辱的现实，对于安全感的体验是十分匮乏的。因此，在亲密关系中，她会害怕冲突，担心恋人无法容纳自己的焦虑和恐惧，抛弃她。她更倾向于使用自己熟悉的压抑和逃避的防御机制，不说，也不去面对，消极地应对冲突。

如果我们有和小美同学一样的经历，又该如何去调整，避免在亲密关系中一直忍气吞声呢？

1. 跟恋人沟通，希望对方容纳自己对冲突的恐惧，让自己体验安全感。

小美可以在双方情绪都稳定时，把自己的状态跟伴侣解释清楚："亲爱的，我不是故意要冷落你，而是因为家庭的阴影，我真的很害怕跟你吵架，只能一直躲着不说话。"并且告诉伴侣，当自己又陷入对冲突的恐惧中，他可以如何来帮助自己。比如在自己不想说话时，伴侣耐心询问，接纳她有"冷脸"的状态；不把小美的冷漠看成是讨厌、不喜欢他，能够鼓励小美说出自己的想法。当小美感觉伴侣能够接纳自己的焦虑，不离不弃，那她会更有勇气做真实的自己。

2. 外化问题，把人和问题分离开来，打开问题解决的思路。

叙事疗法认为，每个人的生活就是一个故事，每个人都是故事的主人公。如果把故事看成和人是一体的，就会感觉改变问题很困难。但如果将问题外化，把人和问题分离开来，就能更宽容地对待自己，给问题的解决打开思路。小美可以这样做：把自卑感看成自身以外的东西，而不是自己的一部分。将自卑感拟人化，给它命名，称呼其为"自卑这个小恶魔""自卑那家伙"，把低自尊的状态和自己解绑，认可自身长处（充满耐心、共情能力强），避免在亲密关系中感觉一无是处。

3. 寻找例外，积累积极的自我认同。

我们的人生有挫折也有赞美，有点像太极图，黑与白是共生的。如果只看到消极面，把积极的部分压缩，那就是黑大于白，内心会十分沮丧；要是能扩大白的部分，不断积累积极的自我认同，那信心也会从薄到厚，不断增加。因为早期的创伤经历，小美在亲密关系中更多地体会到恐惧感，对冲突性的亲密关系缺乏信心。如果能够不断寻找"例外"——亲密关系中的冲突被容纳的例子,那积极的一面会不断积累,最终量变引起质变,帮助小美在亲密关系中形成积极的自我观念,自信地面对冲突。

第三章

谈一场
不分手的恋爱

> **我对他越来越失望了**

爱情中理想的幻灭

关键词 | 完美主义，现实感，补偿心理

很多人把另一半想得很完美，结果恋爱越谈越失望。

朋友 Q 说："女生嘛，一开始都觉得男朋友是白马王子，后来发现他越来越多的缺点，就特别失望。"她笑着补充一句："我刚开始也这样，现在降低了期待，爱咋咋地，反而感觉好多了。"就像 Q 说的那样，亲密关系中很多的冲突，其实是过度理想化另一半引发的。

进入一段感情前，我们能理解没有人是完美的，要去体谅对方的缺点。但陷入热恋，觉得这就是我命定的那个人时，潜意识就会将对方不断美化："我说的他都会懂。"所以如果一句话要解释半天，我们就变得特别暴躁：原来，你并不是我期待的那样。

为什么我们总会把恋人理想化，然后让自己一次次地失望？

这是完美主义倾向，无法接受有缺陷的对象。很多人对于不足没有忍耐力。他们对恋人的评价非黑即白：要不，你就是我心中的白马王子，满足我所有的幻想；要不，你就是浑身缺点的坏蛋，根本不是我等的他。在你侬我侬时，我们会放大恋人美好的部分，刻意去忽略糟糕的部分，迎合自己对于"完美"的想象。而当不满累积到一定程度，负面情绪占据主导地位，我们会觉得这不合适、那不合适，再也找不回当初心动的感觉。缺乏统合的能力，没办法接受"一个人既有优点又有缺点"的现实，我们会不断经历理想幻灭的大起大落。

理想幻灭，是因为生活在自己构建的美好想象里，没有真实地去接触对方。曾有来访者告诉我：她想找一个强大、能够永远保护她的男人，一旦发现对方的脆弱，内心就有想分手的冲动。这样的人，其实在跟理想中的对象谈恋爱。现实中的人只是想象的载体，寄托她心里对另一半美好的期待。所以随着时间的推移，理想和现实间的落差暴露出来，她无可避免地失望："这段感情，根本就是个错误。"当初有多喜欢，现在就有多厌恶，于是跟另一半爆发激烈的争吵。

把恋人美化，也出于补偿早年缺失的心理。很多女生的成长历程中，父亲的角色是缺失的。这让她们很少有内化力量感，就像缺了一角的圆。但是每个人都有自我完善的愿望，如果在原生家庭中得不到满足，她们会把目光投向外界，从其他人身上找回自己缺失的那一角。方法之一就是把恋人理想化，从他身上获取父亲般的关爱，满足内心那个小女孩对亲情的渴望。但夹杂着父爱诉求的亲密关系，对于另一半可能太过沉重。他们无力满足我们的期待，导致我们产生巨大的挫败感。

如何调整过度理想化的状态呢？

很关键的一点，是发展出整合能力，接纳一个人身上优缺点并存的现实，避免简单的二分法。对恋人进行评价时，我们可以把分数设置在 60 分，管理好对他的期待。这样自己会保持清醒的认识，"他好，但没有 100 分"，不会把热恋期的表现当作日常，用过高的期待去要求对方。

有人会说："我就是要找到完全对的人。"这样当然可以。只是除了时间成本，设置点定得如此之高，也会给双方带来沉重的心理负担。恋人变得小心翼翼，总担心哪里做得不好惹我们生气。就算对方的表现非常好，我们也很难好好享受，对他能坚持多久充满怀疑。如果给恋人的缺点留出空间，两个人的相处也会更轻松。

同时，要将理想和现实分隔开来，看清恋人现实中的状态，避免把自己的期待强加在他身上。从"他是我的真命天子"到"我们根本不合适"，中间所隔着的，可能就是理想和现实不一致带来的心理落差。要避免这一点，自己要转变"我认为他是什么样"的思维模式，用"他实际是什么样"的状态跟对方相处。看清手上有 10 元钱，不期待它能当 100 元去使用，内心的幻灭感也会大大减少。

要是过不去心中那个坎，需要他对自己无微不至，也请遵循人际关系中的黄金规则：自己希望被如何对待，就用这样的方式跟对方相处。如果期待恋人全然的爱和接纳，那也需要先给对象提供足够的情绪价值：在他脆弱时温柔照顾，在他犯错误时也尝试理解而不是攻击对方，尽力帮助恋人抚平早年受到的创伤……慢慢感动和引导另一半，向他租借自我功能，给予他填补我们内心缺口的驱动力。

发展出整合的能力，学会根据恋人真实的状态跟他相处，亲密关系中的失望感也会大大减少。

> ## 你的过去，我很介意

在意恋人的感情史

关键词 | 静态视角，价值条件，物化

很多人特别介意另一半的感情史。在感情升温的时候，甚至会抛出这样的"送命题"："你有过几任男/女朋友？"即便机智的你绕过所有雷区，也不代表能成功过关。

有些女生会这样抱怨："聊到前任时，他说了这样那样的优点，是不是心里还放不下啊？"如果男朋友谈到前任时说的都是缺点，她们又会产生另一层顾虑："他翻脸比翻书还快，叫我怎么去相信这个人？"

感情史就像一根刺，深深扎在我们心里，令我们很难毫无芥蒂地和另一半相处。

无法接受恋人的过去，是因为用静态的眼光看待对方。把另一半永远钉在耻辱柱上，固执地认为"江山易改，本性难移"。比如，曾经对亲密关系不够注意的人，以后必然会按捺不住出轨。这样的观点让我们对另一半永远失去了信任感。

看轻恋人的可塑性，其实是一种自我保护的机制。就像一朝

第三章 | 谈一场不分手的恋爱

被蛇咬，不管别人怎么说它的毒牙已拔掉，温和无害，自己可能也不敢再伸出手。因为相信它已经改变，再次尝试去靠近，要冒着又被伤害一次的风险。为了保护自己，我们情愿紧紧抓住对方的过去，从一开始就选择不去相信。

对恋人的过去有芥蒂，也是和他的前任比较，激发出了自己的"我不够好，他不会喜欢我"的不安感。许多人通过社会比较来确定自身价值。在他们的评价体系里，比别人优秀，就有被爱、被尊重的价值。如果在竞争里落败，自己就是一无是处的。

他们深信："你喜欢我，是因为我的条件足够好。"这种想法将亲密关系概括成功利的、物质的比较，仿佛感情是去菜市场买菜，如果看到更水灵的，恋人就会毫不犹豫地放弃自己。但换位思考一下：如果遇到更出色的追求者，你会毫不犹豫地抛弃现在的恋人吗？或许大部分人还是会考虑到过去的感情。当我们理解亲密关系不是竞赛，第一名并不必然被选择，计较恋人感情史的心思也会慢慢变淡。

无法接受恋人的感情经历，是潜意识中将对方物化，好像他是自己的附庸或者所有物。有人说："为其他男人怀孕、流产过的女性就像二手房。"这样的言论将女人等同于子宫，等同于她的生育价值。认同这一观念的人很难不去介意另一半的过去，因为她的"使用状态"和其他未拆封的"产品"相比缺乏竞争力，更难确保基因的传递。把伴侣降格为物品，而不是活生生的、值得关怀和呵护的人,这是无法接受恋人感情史的一个原因。

那要如何化解对恋人感情史的芥蒂呢?

1. 设置缓冲期,给自己调整观念的时间。

内心无法接受,却强迫自己立刻放下,脑海里会像有两个声音在打架。情绪会在介意和释怀之间反复波动,导致严重的内心冲突。与其让自己憋到内伤,不如跟恋人坦白说:"亲爱的,对于你的经历我很怜惜,但一时之间也比较震惊,需要些时间消化。"给双方时间去调整和适应。

在此阶段,很重要的一件事,是用动态的眼光去看待恋人。可能她在前男友这关栽倒过很多回,甚至是比较随意的态度,但不代表在现在的亲密关系里,她一定会出轨,背叛我们。就像玩《超级马力欧兄弟》一样,如果恋人的三颗生命值没有用完,甚至吃到很多金币,我们就有理由相信,这段感情可以有个美好的未来。学会向前看,认可对象当下的转变和成长,心中的疙瘩也会一点点解开。

2. 改变条件化的思维模式,树立稳定的自我认同感。

如果感情需要"竞争上岗",我们自然会警惕每一个潜在对手,对他的前任特别敏感。要看淡一点,跟自己说:"因为彼此喜欢,我们才会选择在一起。他更看重的是我这个人本身,而不是附加的其他东西。"我被爱是因为我是我,而不是因为我是优胜者。如此,我们就能维持稳定的自我形象,降低他前任引发的焦虑和不安全感。

3. 保持边界感，避免将恋人看成所有物，一味计较她的"使用情况"。

亲密关系需要边界的融合，从我向我们转变，好像对象变成了自身的一部分。但极致的亲密，不代表恋人的主权被剥夺，被降格成一件带有生育属性的工具。如果对女友的过去很抓狂，甚至想要去羞辱对方，就要提醒自己："她是一个完整的人，感情史也是其中一部分，我没有权力因此去伤害她。"将对象当作平等的人去看待，尊重她"领土"的界线，我们才能平复暴躁的情绪，逐渐放下对她感情史的介意。

> **他比你对我好**

总拿前任和现任作比较

> 关键词 | 攻击性，投射，舒适区

很多亲密关系像是三个人的电影，总掺杂着前任的影子。

来访者笑笑跟我抱怨过："前男友对我特别体贴，经常给我送早餐。现在这个就天天打游戏，有时候叫他他都听不见，我真快被气死了。"在和恋人的相处中，她总忍不住拿现任跟前任作比较，因为另一半的种种不合意而吵架，把气氛搞得越来越紧张。

或许我们清楚地意识到，这种对比会让恋人的自尊心受损，嫉妒心爆棚，对亲密关系造成极其严重的伤害，但每天早上醒来，再也看不到宿舍楼下他熟悉的身影，不能直接吃到热腾腾的豆沙包，自己总会有些怅然若失的感觉。要是现任在其他方面不够好，无法弥补这个遗憾，抱怨就开始了："你为什么不能像前任一样，对我那么体贴、那么好？"

总是拿前任跟现任作比较是一种怎样的心理呢？

跟现任提前任的好，其实是迂回地表达对恋人的不满。当我们说前任如何温柔体贴时，潜台词是："跟前任比起来，你很冷漠，不够关心我。"我们是在隐晦地诉说内心的愤怒。不直接指责恋人沉迷游戏，忽略我们的感受，是因为自己潜意识里清楚，这样做攻击性太明显，容易导致对方的反击。而心里想着过去的种种美好，抬出前任来跟现任作比较，传递出的敌意就没那么强烈。我们能够用一种更间接也更安全的方法来贬低另一半，发泄压抑在心中的负面情绪。这也是为什么，很多人吵架时喜欢拿前任说嘴。在作比较时，他们也完成了对现任隐晦的吐槽，稍微缓解了郁闷的情绪。

除了攻击现在的恋人，这种比较也是出于剪不断的旧情。他们仍然放不下前任，在内心深处幻想依然跟对方在一起。现任就像载体，寄托着对从前那个人深深的眷恋。他们希望现任跟前任很像，甚至成为前任的替代品，延续过去那段难忘的感情。要是对象展现出很多不一样，就戳破了这个美梦，逼迫他们认清现实：原来真的回不去了。所以陷在回忆里走不出来，对前任执念很深的男生，总会比照先后两任女友，以前任为标准来要求现任，让她慢慢变成过去那个人的影子。只有这样，跟前任在一起的幻想才能延续。

喜欢比较过去和现在，对现任百般挑剔，也是因为跟前任磨合太久，熟悉了与他的那套相处模式，甚至潜意识里认同这样的感情，把前任当模板，希望对象是我们心中期待的样子。带着固定的评分标准，自己总会去找现任跟前任的差异。要是他不像前任那样，性格细腻，经常说几句甜言蜜语，我们可能就觉得对方偏离"标准答案"，算不上好的恋人，即便在其他方面，他也有很多值得称道的闪光点。缺乏开放的心态，用前任作为评价标准，我们的感情也会笼罩在过去的阴影中。

那该如何调整总是作比较的心态呢？

首先在沟通上要作调整。学会用直接，但攻击性较弱的方式来传递情绪。的确，如果直接指责另一半，那很容易让对方炸毛，甚至毫不留情地反驳我们。这里要说一个小技巧：减少使用"你"这样的第二人称，多用"我"的视角来表达感受。比如，看到男朋友打游戏不理会自己，如果说"你总玩这个破游戏，都没时间陪我"，那恋人听了可能很生气，而告诉对方"亲爱的，我一个人好孤单，能不能多抽些时间陪陪我"，或许更能激发他调整的意愿，缓解我们不满的情绪。

走出比较的心态，需要真正跟前任告别，清理内心对他的爱和不舍。很多人虽然跟上一任分手了，但仍然对其有深深的情感依恋。这种羁绊让他们无意识地把现任当成替代品，在幻想层面重温过去的亲密关系。要解决这个问题，我们需要学会区分，在前任和现任之间画一条明确的界线。产生比较的想法时，可以提醒自己："和我在一起的人是 A，而不是 B。B 已经离开了，我不能用 B 作标准来要求 A。"跟旧情人做一个告别仪式，约他出来好好聊聊，讨论在感情中做得好与不好的地方，以及自己当下复杂的心情，让羁绊慢慢解开。只有为过去画上句点，我们才能以全新的姿态跟现任相处。

做到不比较，也要跳出固有模式，用开放的心态来面对亲密关系。很多人把前任当成标杆，衡量另一半在感情中的表现。如果参照系是过去那个人，我们经常会忍不住想"我的前任是怎样的""他不会如何如何"，很难接受现任的新模式。可能的调整方法，是跳出熟悉的、让我们有安全感的舒适区；接受理想的相处模式不止一种，允许恋人偏离我们预设的轨道。当自己愿意突破跟前任磨合好的相处模式，不给亲密关系设限，比照的情况也会有所好转。

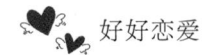

> ## 对象在社交软件上搞暧昧怎么办

三心二意的恋人

关键词 | 新鲜感，情感满足，恐惧感

✉ **媛媛：**

您好！有个事情想请您帮帮我。最近我无意中看到男朋友手机，发现其他女生给他发暧昧的话。我很生气地质问他，让他把微信聊天记录拿给我看。但是他非常不耐烦，说跟那个女孩子就是朋友，两个人只是在开玩笑，让我不要想太多。

但是老师，您说半夜12点还聊个不停，会说"今天好想你"的女生，怎么可能是普通朋友呢？我怀疑他跟那个女生有暧昧，背着我来往很久了。我想要说服自己离开他，但是6年的感情真的很不容易，就这样放弃我好不甘心。您说他是不是背叛了我？我心里很乱，不知道要怎么办。

✉ **覃宇辉：**

看得出来，抓到其他女生给男朋友发暧昧信息，带给你的冲击很大。一个爱了6年的人，毫无顾忌地在你面前撩别人，被发现后还如此敷衍，真的会让我们在震惊的同时非常难过。我也很难判断他是否精神出轨，但变心并非一瞬间的事。或许你已经收到过感情"触礁"的信号，隐隐感觉他有些不对劲，但又没有实锤来证明这一点，只能把所有的怀疑都压在心里。直到信息的事情发生，你才不得不正视他搞暧昧这个危机。

为什么曾那么深爱的他，会去撩另一个人？很重要的原因，是亲密关系已经缺乏探索空间，他开始失去新鲜感，想要在其他地方寻找刺激。一些男性在谈到为什么暧昧时，有一个共性的原因：对恋人太熟悉了，触摸她就像触摸自己身体的一部分。而在刚认识的女生身上，可以找到久违的心动感，所以难以控制去撩她、逗她的冲动。如果你们的亲密关系已经失去激情，平时就像朋友或亲人那样相处，也不再有跟对方分享新鲜事的冲动，那这个缺口很可能会被其他人填上。

同时我们也应该思考：有没有把这段关系看成是理所当然的，有时候忽略掉了对方的不满或要求？很多女生在关系进入平稳期后，不再像刚恋爱时那样照顾另一半的感受。呈现出来的状态，就是对恋人没有那么用心，甚至对他有些爱搭不理。然而每个人都是需要陪伴的，特别是那种情感细腻丰富的男生。如果我们不能充当好的回应者，让另一半的内心滋生不满，等他的负面情绪累积到特定程度时，他也会开始寻找对他感兴趣的女生。

好好恋爱

或许我们做得很好，另一半在亲密关系中也能得到满足，但是潜意识里对稳定关系的恐惧，也会让他选择和其他女生暧昧，打破这份让他产生焦虑感的契约。发现恋人在跟别人调情时，很多女生会非常愤怒：我有哪点不好，让你想跟别人搞暧昧？其实，这有可能是一种下意识的冲动，用来破坏亲密关系的进一步发展。就像我的朋友H那样：跟女友准备结婚。但因为成长在一个父母彼此仇恨，周围亲人为了利益钩心斗角的家庭，他内心对于爱是极端悲观的。所以即便女友很适合，他也在即将步入婚姻时缩了回来，用微信"摇一摇"约友，甚至无意中把消息发给女友，让亲密关系毁于一旦。

如果恋人跟别人暧昧，我们要如何调整呢？放弃"老夫老妻"的心态，给双方保留一点浪漫的空间。可以偶尔去网红店吃顿烛光晚餐，到情侣主题的酒店重温激情，假期前往旅游城市逛逛，晚上数星星，早上相拥等待日出。当然，每对情侣都有自己独特的情调。我也知道有些人喜欢窝在被子里看恐怖片，或者觉得泡一壶茶对坐读书就很美妙。总之，要调动彼此的状态，让日子过得踏实又不乏激情，这样亲密关系才能维持新鲜感。

不管关系如何亲近，都要保持对另一半的关注，避免冷落对方。情感忽视是爱情的杀手。当我们没有给恋人回应，两人的情感联结暂时切断，就像亲密关系经历了一次死亡。为了避免这种情况，不管如何疲惫，都要分出部分精力给恋人，好好照顾他的感受。如果对象提出要求，就把优先度提高到"红色警戒"级别，一旦空出时间要立刻去做。每隔三五周，不妨给恋人发一个信息调查表："你家小可爱最近怎么样？有什么地方可以做得更好吗？"当他在我们这里获得情感满足，就不会因为失望而转投别人的怀抱。

如果各方面都做得很好，他仍然在"撩"其他人，不妨考虑一个问题："他是否做好了进入下一个阶段的准备？"提到定居、买房、结婚、生小孩，对方就非常回避，那就尝试问他："亲爱的，你是不是谈到未来觉得很沉重，有些不堪重负呢？"站在另一半的角度上理解他，给他体谅、包容和关怀，那恋人也能感觉到这段关系和原生家庭的不同：眼前的这个人不会伤害我，反而能带给我温暖。当他获得足够的安全感，梳理好自己的心情，就能逐渐放弃破坏契约的下意识冲动。

> 他出轨了，我该如何原谅

修复爱的裂痕

关键词 ｜ 负面情绪，情感账户，心理阴影

另一半出轨，应该是所有情侣的梦魇。可惜的是，这样的噩梦经常发生，逼迫我们去面对。

好朋友静就遭遇了这样的事：结婚多年的爱人，一次出差时跟女同事滚了床单。他诚恳地道了歉，苦苦哀求她再给他一次机会。静虽然心软，但内心控制不住地想象那晚的事，爱人如何跟其他女人翻云覆雨。

她哽咽地说："我真的放不下他，但是也没办法去相信了。"原先的信任被完全打破。从前信奉放养式恋爱的她，现在爱人十分钟不回消息就焦虑，总害怕他又跟那个女生在一起。感情中的猜忌，让两人的关系越变越紧张，再也找不回当初心贴心的感觉。

被恋人深深背叛过，为何总控制不住去怀疑他？

不再给恋人信任，是因为内心的伤口得不到处理，怨恨的情绪一直肆虐，让我们难以对另一半产生积极的想法。很多人发现

第三章 | 谈一场不分手的恋爱

另一半出轨后,会感觉极度崩溃。有来访者告诉我被背叛后的心情:"我原先那么相信他,放下所有的心防,他怎么能跟其他人在一起,从背后狠狠捅我一刀?"震惊、愤怒、难过等负面情绪交织在一起,组成一个消极的声音。当我们想要原谅恋人,重新开始时,这个声音就不自觉地响起:"他从前这样伤害我,我凭什么原谅他?""要是他再背叛我怎么办?"信任感被泼了一盆凉水。

产生信任问题,跟情感账户的余额耗尽也有关系。我们对另一半的信任,和银行账户有相似之处。男朋友平时表现很好,和女生不乱搞暧昧,就像是不断往账户里存钱,带给我们"可以信任"的印象。而他经常在微信"摇一摇",甚至出差时和别的女生发生亲密关系,会大量地透支他的信誉,最终让我们无法相信这个人。所以那些被恋人伤得很深,感觉无法再去爱的女孩子,也不妨检查一下情感账户。如果男朋友只有取钱没有存钱,余额为零甚至欠费,那我们也很难说服自己:他会好好珍惜这段感情,不再出轨。

无法继续恋情,也是因为恋人的劈腿和背叛给我们造成了心理阴影,让我们对于继续相信他很有顾虑。古话说:"一朝被蛇咬,十年怕井绳。"另一半的不忠,让我们就像被蛇狠狠地咬了一口,从此被伤害性的体验纠缠,对感情产生了恐惧感。我们担心恋人所有"可疑"的举动,把模棱两可的情境往"出轨"的方向想,只要对方出门应酬就不放心。这种状态,很像创伤后应激障碍。只要看到"井绳"就想起当初被蛇咬,一遍遍地重温信任被辜负的痛苦,甚至不时地闪回那些不堪的片段。把消极面扩大化,我们也很难再放心地交出自己。

想恢复信任的关系,首先要安抚内心受伤的小孩,让负面情绪慢慢平息。可以问自己:"我究竟要他怎么做,才愿意原谅他并且重新开始呢?"不要害怕说出的想法太坏,不管是要他跪搓衣板1小时,不断说"老婆我错了",还是打电话去骂那个第三者,把她挂到朋友圈,或者从此位置共享,不管去哪里都让我们看到。总之找到那个"只要他做到,我就能放下"的点,拿去跟恋人讨论。只要对方愿意答应,或者提出一个可接受的折中方案,我们可能就会感觉好受很多,也看到一些感情继续下去的希望。

让恋人往情感账户里充值,而不是疯狂地"透支"。我们可以思考一下:"他做到什么,可以往情感账户里存钱呢?""他的什么行为,会让情感账户上的余额减少?"拿出纸和笔,列出"存钱行为"和"取钱行为"。对方去应酬时拍照证明,无论多忙每天电话说晚安,不在聊天软件上跟女生暧昧会加分,而说话不耐烦,安装很多交友软件,手机定位死活不让查会降低信誉。把往情感账户上存钱的方法告诉另一半,让他不做疯狂消耗的事,我们对感情的信心也会逐渐提升。

最后，要放下脑补和过度解读，学会就事论事地看问题。恋人十分钟没回电话，这是一个事实。而"他跟其他女人在一起""他对我变得冷淡了"，则是我们对事实的过度解读，很容易带来强烈的不安全感。可能更好的方式，是根据实情做判断，悬置自己的想象。对象一小时不在线，不必急着给他扣上不值得信任的帽子，可以先等他的解释，让他拿出在工作或者和朋友聚会的证据。如果比较有说服力，我们暂时选择相信他；要是明显漏洞百出或者不对劲，我们再去怀疑也不迟。压抑自己消极的倾向性，不带预设地看问题，对亲密关系的信任感才有修复的可能。

> ## 男朋友有疑心病

恋人总担心我劈腿

关键词 | 心理创伤，自卑感，灾难化思维

✉ **珍妮陈：**

我的男朋友疑心病很重。他总觉得我要背叛他，偷偷跟其他男生在一起。要是有什么问题没及时说清楚，他就会往最坏的方面想。上次我跟闺蜜去吃饭，微信没来得及回，他就发了几十条消息过来。回拨电话给他，他就劈头盖脸地把我臭骂一顿，质问我是不是跟野男人去开房，话说得特别难听。当时有闺蜜在旁边，这些她们都听得一清二楚，我尴尬到一秒都不想在那里待了。

我是爱他的，也希望未来跟他好好过。但是他这么疑神疑鬼，也让我觉得很伤心。我从来没有劈腿过，也没做过对不起他的事，为什么他就是怀疑我出轨，不肯相信我的清白呢？这段感情还有戏吗？他的疑心病到底能不能治好？求您帮忙解答一下，谢谢！

第三章 谈一场不分手的恋爱

✉ **覃宇辉：**

珍妮你好。我能理解你不解和受伤的心情。男朋友怀疑你出轨，可能并非因为你做了坏事，而是由于他过去的经历。就像我的一些来访者，之前有被恋人背叛或者伤害的经历，留下了深深的心理阴影，甚至不断地自我怀疑："我是不是有哪里不好，她居然跟别人跑了！"所以当他和你在一起，内心可能是尚未疗愈的状态。你们日渐亲密的同时，你也越来越接近他的伤口，如果不小心蹭到，可能就会带来钻心的痛，唤醒他过去那些糟糕的回忆。或许你没有刻意去伤害，但无意中戳到旧伤，也有可能唤醒他的负面情绪。可以说是代人受过了。

除了过去的创伤经历，他的怀疑和愤怒也有可能来源于自卑感。很自信的人不会过多担心另一半出轨。他们觉得自己很棒，也会自恋地觉得"除了我，她找不到更合适的人"，对于跟恋人走下去信心爆棚。但是自我评价比较低的人，缺乏这种"我肯定会被选择"的感觉。一旦不能确定恋人是忠诚的，他们就担心对方可能移情别恋。实际上，这是他们自卑感的投射。正因为他们看不起自己，觉得自己没有其他人那么优秀，才会觉得恋人也瞧不上他，最终会出轨。要是我们有更多的自我接纳、自我肯定，也会把这种安全感投射到外界：觉得亲密关系是坚固的，不会轻易被第三者插足。

还有就是扩大化的负性思维。很多时候明明是小事，我们却将它的后果看得无比严重，以至于一颗石子都能掀起滔天巨浪。而且在模棱两可的情境中，也倾向于用最消极的脑补去预测未来。就像珍妮的男朋友，看到她一小时没接电话，立即往最糟糕的方面想：她背叛了我。但实际上，珍妮没接电话是事实，而她劈腿则是灾难化想象，是她男朋友脑补出的自己最无法接受的梦魇。如果总是假设最糟糕的结果，那自然会对另一半产生控制不住的担心。

那该如何安抚缺乏安全感的恋人呢？

引导恋人认识到过去带来的影响，还有我们跟前任的不同。或许在另一半眼里，这些怀疑是正当的，是因为我们有出轨的倾向。所以要跟他好好聊一下，改变这种想法："亲爱的，这些怀疑是因为我做了对不起你的事，是一个水性杨花的女人，还是说你曾经在这方面受过伤害，所以不敢轻易尝试信任我呢？"让他明白这些顾虑并非现实的威胁，而是背叛带来的心理创伤。同时让他知道，我们是值得信赖的，鼓励他跳出过去的阴影，尝试对我们多放心一点。当他得到很多的正面反馈，疑心病也会有所好转。

如果对象的问题是自卑，就要想办法让他意识到："你是我生命中最重要的人，不会被轻而易举地取代。"因为他不相信自己足够好，所以总会有被抛弃的危机感。除了鼓励他在工作和生活中获得成功，提升自尊水平，我们也需要表达对他的需要。比如平时工作上遇到问题，可以装作不懂，虚心向对方请教："亲爱的，领导交给我这个任务，你看怎么处理比较好呢？"在他高谈阔论的同时，不妨点头、微笑，称赞他说得很有道理，对我们帮助很大。当恋人感觉到被深深地依赖，就不会那么害怕我们离开他。

最后是学会"中庸之道"，避免灾难化的思维倾向。特别是在情况模棱两可，允许多种解释时，不要总采取最消极的脑补。可以跟恋人说："亲爱的，我们能不能做一个约定，以后你都先假设我值得信任，没有背叛你。除非真的发现我有背叛的证据，否则就不要把这顶帽子扣过来，你看可以吗？"让对象保持信任的态度，遇到事情先往好的方面想，比如"她不接电话，可能是在开会，或者在跟闺蜜玩耍"，而不是立刻跳到自己被绿了的恐惧中。学会就事论事，不把消极的脑补当真，对另一半也会放心很多。

有对象却对其他人心动怎么办

关系外的诱惑

> 关键词 ｜ 情感缺失，想象幻灭，乏味感

和恋人的感情很好，不代表对其他人不心动。很多人发现，对象谈了两三年，关系越来越稳定，已经认准了他是自己未来的伴侣，但是另一个人的出现，却唤起了刚谈恋爱时，那种小鹿乱撞，刚分开就心急见面的感觉。

如果被其他人吸引的感觉越发强烈，跟对象结婚的心思也会动摇："我真的确定跟他共度余生了吗？是不是更适合的人才刚刚出现？"愧疚感，还有内心的犹豫，会一直折磨自己：不想辜负相爱多年的对象，但就这样放下可能更对的人也不甘心。

为什么原本坚定的自己，突然被另一个他吸引？

很重要的一个原因，是本来令自己满足的亲密关系，开始无法提供我们所需要的营养，所以我们开始不自觉地向外界寻找。朋友 Z 最近对一个女生很有感觉。他想要控制自己，却总忍不住去接近对方。Z 很苦恼："为什么我就是停不下来呢？"

我能够理解他的状态。Z 的女友下了班就追剧、逛淘宝，不

第三章 谈一场不分手的恋爱

怎么跟他说话,而暧昧对象就不是这样。她会被 Z 的梗逗得大笑,也很愿意聊汽车和足球,提供了充分的情绪价值——被关注、被崇拜的满足感。当外人替代另一半扮演我们情感滋养者的角色,"偏航"的诱惑力会越来越大,让我们产生被吸引甚至是喜欢的感觉。

被其他人所吸引,是因为恋人的光环逐渐消失,矛盾逐渐暴露出来。爱情自带理想化的滤镜,令我们的眼睛仿佛开了美颜功能,总感觉他是最好的。很多女孩子刚恋爱时很欣赏男友:他温柔体贴,懂得照顾人;工作能力强,特别有上进心;和周围的其他男生都不一样。但随着时间的推移,我们逐渐认识到:他没有想象中那么好,也会有情绪,不体谅我们的感受;也会忙着打游戏,聊天时态度敷衍。

虽然懂得人无完人的道理,拼命让自己往好的方面想,但感情上,这种细碎的不满一点点累积,却在悄悄消磨我们对恋人的爱意。当这种不满达到一定程度,甚至会让人觉得:"他一点都不了解我!我当初怎么会跟这样的人在一起?"我们再也看不到恋人的好。感情被磨损干净,责任感也变得单薄,于是难以在诱惑面前有效地自我约束。遇到善解人意的小哥哥或者小姐姐,可能很轻易地就沦陷进去了。

感情中有一对根本矛盾:稳定的趋势和追求新鲜感的本能。刚进入一段关系时,我们急着去探索,了解对方的所有,把感情尽快稳定下来；可一旦把对方看清摸透，又会产生倦怠感，希望有变化和新鲜的刺激。

所以总说要保留自我，不把亲密关系当成全部。因为当完全开放时，就像从零级直接升到满级，打通了游戏的所有关卡，没有再继续探索的动力；如果升级有些难度，而且不断给出新的玩法，那挑战的乐趣会一直都在，"玩家"不会轻易转投别人的怀抱。

那该如何面对感情中的诱惑呢？

和恋人开诚布公地讨论这个话题，商量不同情况下的应对方案。要讨论的内容有："如果我喜欢上别人，应该怎么和你说？""被其他人吸引的话，原因可能是什么？""针对这些情况，我该如何去预防和应对？""要是我一个人解决不了，你可以怎样来帮我？""如果大家都无能为力，这个情况要如何处理？"

把被吸引当成一个问题，和恋人好好讨论解决方案，并且达成共识。不怕麻烦的情侣，甚至可以做出流程图，把每种情况的处理步骤都梳理清楚。当我们对于动心这件事有预案，真的发生时才能够更有效地应对。

和恋人讨论没被满足的需要，双方及时进行调整。以 Z 为例，比起在暧昧对象身上获得情绪价值，不如和女朋友表达自己的需要："亲爱的，你最近忙于追剧无法自拔，我一个人孤家寡人的好可怜哦，你今晚陪我去溜达溜达好吗？"用委婉的方式提醒女朋友，让她填补上我们内心情感的缺口，降低对暧昧对象的需要。

还要引导恋人自我成长，学会给亲密关系留间隙。从认识上做调整，可以用之前说的玩游戏打比方，让他明白有所保留和不断给亲密关系新鲜感有多么重要。而在行动的层面，可以和对象做一个小练习：每天晚上，互相分享三个工作中的收获；一起用读书 App 打卡，晚上聊聊故事的内容。通过一系列的练习，帮助恋人发现感兴趣的点并去成长，避免把所有心思都投入感情中。

其实，人有喜新厌旧的本能。我们避免不了生物属性，唯一能做的，就是在责任感的约束下，找到和恋人相处最舒服的状态。让躁动的心平息，收获稳稳的幸福。

第四章

让爱
在沟通中流淌

> **亲爱的，你和我说句话好不好**

恋爱中的冷暴力

> 关键词 | 负面情绪，沟通能力，回避型依恋

对象经常使用冷暴力，是很多亲密关系中的痛点。像我的来访者小月，就抱怨过男朋友经常不搭理她："每次他对我有不满意，就板着一张脸不说话，我怎么哄也没用，真的很心累。"有时候小月情愿大吵一架，把矛盾都说开，也不愿两个人闹情绪，僵持在那里。她虽然表面上装得若无其事，但背后也难受得掉过好几次眼泪。她哽咽着说："每次看到他那么冷漠，我心里都好害怕，会想他是不是不爱了，要放弃这段感情……"

我能理解她的痛苦。恋人的冷漠，其实是对我们最大的惩罚。因为他不搭理我们的时候，情感联结就被切断了。二人世界里仿佛只剩自己一个，孤独感和被抛弃的恐惧会将我们淹没。

既然冷战会带来如此巨大的伤害，为什么对方仍然选择这样做呢？

最直接的原因，可能是另一半在用冷暴力的方式，宣泄对我们的不满。一些习惯回避的男性有这样的心理活动："她总是为小

事各种作，开始还能忍，现在实在是受不了她。"冷漠的对待，是对另一半的忍耐到达极限。情绪的容器再也装不下更多负能量，只能用攻击对方的方式表达出来。这些男生无法把恋人揍一顿，也不想像泼妇骂街般跟恋人吵，只好选择了冷暴力——这种看似体面且有效的方式。当他们发现她怎么闹都不理会，甚至玩几天失踪，她就会乖乖地道歉和服软，冷暴力就给他们带来了"正反馈"，那掌握这个命门的恋人，也会控制不住地增加冷战频率。

除了把冷暴力当成问题解决方法，有些人的沉默，也是因为语言表达能力比较弱，心里有很多话说不出来。不是所有人都能流畅地表达自己。有些孩子在成长过程中，父母很少教导他们命名情绪。比如被其他小朋友撞到，疼得哭起来，妈妈也不会跟他讲："宝宝，妈妈知道你这里痛。哥哥不是有意的，他只是想跟你玩。大家握个手，还是好朋友，你说对不对啊？"没经历过这样的训练，无法正确理解身体感受与情绪的对应关系，长大后也很难有效感知和表达自己的感受。所以在跟恋人相处出现问题，多种情绪涌上心头时，他们会本能地选择逃避，给我们拒绝沟通的印象。

经常失联，也可能源于回避型的依恋关系。如果从小获得无微不至的照顾，建立了安全型的依恋模式，那长大后我们不会畏惧沟通，或害怕面对问题带来的伤害。而遭受过家庭暴力，或者被父母忽视需要的孩子，他们的依恋类型是回避的。他们对照顾者缺乏信任感，总担心有一天会被抛弃。所以他们选择先下手为强，主动封闭对恋人的需要。"你是去是留对我都没有影响。"回避型依恋的人，选择把自己放在厚厚的防护罩里，用冷漠来隔绝所有可能的伤害。冲突会激活他们的不安全感。

那在恋人使用冷暴力时，我们应该怎么办？

首先可以做的一点，是询问对方："亲爱的，你现在不说话，是不是在跟我生气？"如果他说是或者点头，我们可以引导对方通过语言沟通的方式，把负面情绪表达出来。"我做了什么事情，让你感觉不舒服呢？"耐心、不打断地听完对方的吐槽，让他把压抑在心底的情绪尽情地宣泄出来。要是对方一句话都不说，就跟他反馈："亲爱的，其实看你不开心，我自己也很难过。如果是我造成的结果，请给我一个补偿的机会好不好？"让恋人看到我们真诚的道歉和改变的诚意，生气的状态也会有所调整。

跟对方一起梳理情绪也很重要。如果他属于心里有话说不出来，只能选择逃避的类型，那我们也需要重复情绪命名的过程。比如他看到我们跟异性走得比较近，心里又气又急，不知道如何表达只好摆脸色时，不妨坐下来好好谈一谈："宝宝，你是不是看到我最近因为工作，经常跟那个男生聊微信，觉得这样做很越界，心里埋怨我而且不开心？"当对方点头，说他的确不舒服时，可以继续跟他分析那种"对感情的珍惜""男性间竞争的焦虑"还有"对于被背叛的恐慌"等。把话都说开，他的无名之火会慢慢熄灭，两个人能够更理性地解决问题。

面对回避型依恋的伴侣，耐心非常重要。我们需要传递给对方一种感觉：我和你过去的恋人不一样。我会一直爱你，不会轻易地放弃这段感情。要达到这种效果，就要接住他的许多试探。比如即便他摆臭脸不搭理人，我们也愿意继续陪伴在他身边，好好安抚他的情绪。或者明明已经很生气，但仍然会克制住愤怒，不轻易用恶毒的语言伤害对方。当我们真的做到这些要求，他会慢慢觉得"这段感情是安全的，我可以不用害怕，不用伪装自己"，从而敢于暴露真实的情绪，而不是用回避来掩藏内心的恐惧感。

> ## 说不出口的道歉

不愿跟恋人承认错误

关键词 | 灾难化，自卑感，创伤经历

✉ **凯妮大妮妮：**

　　我是一个嘴巴很硬，害怕去承认错误的人。这已经影响到了我的亲密关系。比如我经常冲男朋友发脾气，大吼大叫，以此来发泄工作和生活中的不如意。我知道这个习惯很不好，看到他生气又拼命忍耐的样子，我也特别心疼他。之前说过要好好谈这个问题，但我一直在逃避。因为我不想承认自己脾气很差，没本事，只会对爱自己的人发火。

　　还有他现在没有以前那么耐心了。感觉他经常对我很冷淡，有时候跟他发消息也回得很慢，不知道他是不是打算放弃这段感情。所以我就更加担心：如果男朋友没有继续的想法，我何必要自揭伤疤？即便他想要过下去，但是态度变得那么糟糕，有没有可能抓住这个把柄，不仅讽刺我的软弱无能，以后吵架还会甩出来攻击我？考虑到那么多坏结果，我更加害怕，不知道要不要跟他道歉了。

✉ 覃宇辉：

逃避去面对自身错误，不愿跟恋人好好道歉，是很多情侣会遇到的问题。在抗拒的背后，首先是灾难化的思维。我们立刻想到最糟糕的结果，自己把自己吓住，就再也没有行动的勇气了。妮妮，你有没有发现，你对于道歉存在不合理信念：仿佛承认错误，就会遭到冷嘲热讽，以后总被揪着这个弱点不放。你脑补出了特别消极、恶意满满的情况，所以现在很担心。我相信，如果承认错误那么可怕，那大部分人也不敢跟对象道歉。正因为他们没有糟糕至极的思维倾向，把认错看成是灭顶之灾，所以才能够去交流自己的不足和缺陷。

就像你说的那样，为情绪管理问题跟恋人服软，是一个自揭伤疤的过程。如果你内心有强烈的自卑感，曾遭遇过霸凌或者家庭暴力，那承认错误也会唤醒痛苦的记忆。很多人使用反向形成的防御机制：因为潜意识里有太多自我否定，所以需要在外界完全不受批评。只有这样，他们才能抵御来自内心的质疑，保持人格结构不分崩离析。如果我们跟恋人承认错误，放下心理防御，可能会重新陷入"我很糟糕"的梦魇。为了回避让人痛苦的负面情绪，或许你情愿选择看另一半受伤。

早年的创伤经历，同样是我们说不出道歉的原因。有句老

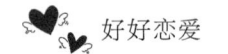

话叫："一朝被蛇咬，十年怕井绳。"如果我们曾经放低姿态，但却被所爱的人狠狠地伤害，那就形成了很消极的预期："说抱歉不仅没用，还会让他更加过分。"因此会对承认错误产生恐慌感。而且这种状态会泛化：一旦有类似的暴露不足就可能被指责的情境，我们就本能地想逃避。这也是为什么你如此反感去道歉或者讨论相关话题。当这个伤口尚未痊愈，我们的安全感和信任感也没有重建，坦然承认问题就是件很困难的事。

那如何让自己更有勇气去面对呢？很重要的一点，是调整"糟糕至极"的思维倾向，更客观地评估认错带来的影响。在想到他如何冷嘲热讽，如何羞辱和伤害你时，记得反问一句："这些猜测，是以实际情况为基础，还是我灾难化的脑补呢？"如果你思索后发现，恋人其实脾气特别好，对我们也有足够的爱和包容，那想象中的伤害就不大可能发生。也许你可以采取"中间值"的思维：去掉最理想的情况，再去掉最坏的结果，就看大概率发生的中间情况。当我们修正了不合理信念，用更具有适应性的思维去考虑问题，那对于承认错误的恐惧感会大大缓解。

还要改变消极的自我认同，不再让错误戳到痛点，再次陷入自我否定的泥潭。如果你深受自卑感的困扰，会因为做得不够好而自觉一无是处，那需要持续获得成功体验，逐渐把消极的观念扭转过来。如果不知道怎么做，可以用"奇迹问句"来梳理思路："如果明早起床，你变成超级自信，敢于去承认错误的人，那和从前相比会有什么差异？"这些不一样，可能就是你要去调整的方向。不妨从中挑选一个合适的目标，制订计划慢慢向它靠拢。当你把一个又一个的难关攻下，成就感会越来越强，慢慢形成积极的自我认同感，相信"我是有能力的"，不再因为认错而陷入深深的自我怀疑。

最后是改变"刺激—反应"的联结，调整自己消极的预期。可以把过去和现在看成两块不同的拼图：在过去那块拼图里，你的低姿态被父母嘲笑，引来同学变本加厉的伤害，所以觉得服软会带来更多不幸；但在现在这块拼图里，过去的经验可能不再适用。恋人尊重和心疼你，承认错误反而能拉近距离，让两个人的矛盾和误解消融。所以请刷新自己的认识，不带预设地跟另一半相处。当你的道歉获得很多积极反馈，就会逐渐地意识到："现在真的不一样了，他跟从前伤害我的人也不同。"如此，我们对承认错误会更有安全感。

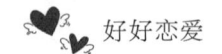

> **宝宝有小情绪了**

合理地跟恋人表达不开心

关键词 | 转换视角，做铺垫，幽默感

对于感情中的负面情绪，很多人表达起来很困难。他们担心："如果我指出恋人的缺点，对方会不会非常生气？""要是他跟我吵架怎么办？""两个人有可能闹崩，然后分手吗？"

种种顾虑，让我们无法表达不开心的小情绪。当你实在无法忍受，可能会采取更具伤害性的方式：用冷脸来面对恋人，间接地表达内心的愤怒；抓住对方的错误，借题发挥把他一顿痛骂；或者干脆情绪大爆发，将压抑的怒火彻底指向另一半。结果他感觉很委屈和莫名其妙，亲密关系出现大量的裂痕。

那在亲密关系中，如何才算"我不开心"的正确打开方式呢？

你可以转换视角，把对恋人的控诉，变成内心感受的表达。这个道理很简单：当我们在说"你真的很冷漠，从来不主动打电话给我""你太自私，没有为我考虑过"时，所有的负面情绪都指向对方。强烈的被指责感会让他难以消化，以至于采取自我防御的姿态——极力否认,把我们的话都怼回来。

如果换个角度去叙述:"亲爱的,这几天没接到你电话,我感觉好难过和孤单。"更多采取"第一人称",谈论事件对自己的影响,这样恋人就像我们情绪的观众,而不是被审判的犯人,他受到的刺激强度就没那么大。他减少了情绪消耗,就有更多精力来关注你的委屈。可以告诉自己:"攻击对象,我们大概率会被他攻击;想获得他的理解,也要用体谅他的方式去表达。"改变叙述的重心,增加他接受你不开心的概率。

先肯定对象做得好的地方,为提出建议作铺垫。俗话说,"恩威并施""胡萝卜加大棒",要使用奖励和惩罚相结合的激励机制。有些情侣只看到"大棒",一味抱怨恋人糟糕的行为,强迫他们按自己的预期调整。却忘记了,只有批评和指责,没有看到恋人身上的闪光点并及时鼓励,对方也会很委屈,甚至表现出一定的逆反心理:你越要求往东,我越要往西,变本加厉地进行反击。

要避免情绪化的对抗,我们得学会作铺垫——承认对象良好的表现,化解他心中"总是被指责"的不满。比如感觉恋人陪伴自己的时间变少,想让他尽快调整,那不妨先回顾过去的美好:"亲爱的,想起上次我俩去吃烛光晚餐,你一直陪我说话,帮我夹菜和倒酒,好怀念那种亲密贴心的感觉。"唤起另一半心中的温情,拉近两个人的距离,之后再提出想多跟他见面,对象也更容易答应我们。

用开玩笑的方式,把自己的心里话说出来。至于如何变得有幽默感,脱口秀导师梅尔·赫利泽说:"我们发笑,是因为感到惊讶,或者处于优越者的位置。"要制造惊奇的效果,我们不妨采取过度夸大的办法。像是抱怨男朋友冷淡,如果总说"你都不理我",对方会觉得很心烦。但你可以把孤独感夸张一下,这样去说:"《诗经》云,一日不见,如隔三秋。你看我都快成望夫石了。"

前边引用诗句,看上去很严肃;后边结合望夫石的调侃,用反差来制造喜剧效果,不仅让恋人意想不到,而且传递出等了他很久,望眼欲穿的意味,满足对方"深深被需要和依赖"的情感需求。惊讶和优越感都具备,男友非常可能会心一笑,接纳你玩笑式的抱怨,同时更能体会到你的小情绪:"我好孤单,你多来陪陪我吧。"幽默的表达能让另一半对不开心有更高的包容度。

建立合理的冲突解决机制,讨论双方都能接受的方案。当你在纠结"我不知道怎样表达不开心"时,或许最好的方法,是直接向恋人询问:"亲爱的,有时候我会有些负能量,你看怎样说出来比较好?"找到一个他觉得合适的交流情绪和意见的办法。如果对方没想清楚,我们可以自己拿出大概框架:有什么不满,大家约时间好好地聊。

聊的时间设置在 20 ~ 30 分钟。如果不够,再重复这个流程,直到我们感觉气消了为止。可能恋人会说:"我觉得还不错。

但问题在于，如果你聊的时候情绪失控，开始对我大吵大闹怎么办？"要避免这种情况，我们需要制定"休战信号"——当一方感觉难以承受时，就发出信号提醒另一方停下。即便我们没觉察到自己变得激动，只要他提出中场休息，大家就先缓个 5 ~ 10 分钟，等情绪稳定下来再继续。危险在可控范围内，相信恋人也更能接受你的不开心。

接纳负面情绪，永远不是一件轻松的事。因为人被攻击时，会自动进入"战斗状态"——全身紧绷，对周围的刺激更警觉。所以我们要理解：把压抑的怒火发泄出来时，即便用了科学的方法，对象也有可能反应强烈。只有两个人相互体谅，逐渐磨合出舒适的宣泄方法，恋爱中的情绪管理才能做得更好。

> 一言不合就跟他吵架

对恋人越来越失去耐心

关键词 ｜ 边界融合，安全感，抵消心理

✉ Ting Liu：

覃老师您好。我现在跟男朋友交流很差，动不动就吵架闹崩。我分析一下，主要是我对他越来越缺乏耐心。比如他煮个红烧茄子，我嫌弃太油腻、太咸，直接对他发飙："这茄子那么重口，你叫我怎么吃！"气得把碗筷都摔了。以前他都惯着我，现在却跟我杠上："不吃就不吃，我求你吃是吧？"然后冷战一天不说话。

现在反思，感觉我的问题比较大。就算他做的菜不好吃，但总还有辛苦分。我可以对他再耐心一点，把话好好说。这样矛盾能够解决，两个人也不会闹得那么僵。可我不懂怎么回事，总是特别暴躁，只要他有一点不符合心意，没达到我的预期，就很不耐烦地凶他。怎么会这样？您能给我解答一下吗？

覃宇辉：

看得出来，你的急躁给双方带来很多困扰。被这样摔碗、甩脸色，男朋友肯定会生气。因为他用心给你做菜，期待得到赞扬而不是劈头盖脸的骂。但我们也很委屈，明明不愿这样，但即便知道怎样做更好，还是很难照着执行。为什么对另一半越来越不耐烦了呢？

首先，这是一种退行的防御机制：在心理层面，你退化回婴儿时期，跟另一半变成小孩和家长的关系。对于孩子来说，闹脾气、对家长缺乏耐心是很正常的事。因为孩子的情绪控制力不够好，而且对母亲抱有幻想："你应该理解我，一眼看穿我的全部需要。"仿佛妈妈是他肚子里的蛔虫。这是边界模糊，和母亲高度融合的表现。

迁移到感情中也一样：很多女孩子让男朋友猜心思，猜不中就生气，跟他狠狠地吵架。这体现了幼儿般的愿望——与恋人融为一体，再没有任何界线。当这种幻想被挫败，自己就很失望，找各种理由向对方发火。你越来越失去耐心，其实就是对恋人有共生幻想，要他完全洞察自己的想法。但发现对象不能像期待中那样，因此变得特别急躁。

其次，当关系中的安全感增加，就觉得对另一半有了放肆的权力。相信在公司里，即便食堂的伙食很差，你也不会愤怒地朝师傅吼:"今天的饭菜难吃死了!"因为你知道,人和人之间是需要互相尊重的。如果不遵守社会规则,你会被讨厌,甚至惹上现实中的麻烦。但亲密关系却不是这样。男朋友会给你包容、耐心,让你的安全感大大提升,甚至产生一种错觉:他就应该让着我,我不用对他那么客气。所以负面情绪重的时候,我们可能会把恋人当成垃圾桶,冲他倾倒不满和愤怒。对另一半越来越没有耐心,或许是因为太被他宠爱,以至于对他失去基本尊重,肆无忌惮地向他发泄负能量。

恐惧感也是重要原因。有时候和恋人急眼,是为了避免双方过于亲密。这点经常能看到。比如情侣之间打得火热,但是一方会突然变得冷淡,把另一方推开;或者感觉很甜蜜时,突然因为小事而争吵,把迅速升温的关系浇个透心凉。可能有人会不解:为什么要这样做呢?其实答案也很简单:因为害怕。或许你在原生家庭中受过伤害,不敢相信自己值得那么好的对待,短时间内也难以适应。为了回到熟悉的相处模式,我们无意中制造出一些冲突,比如对恋人表现出恶劣的态度,以此来拉开距离,抵消过度的亲密感。

那我们该如何调整呢?很重要的一点,是把潜意识的想法带入意识层面,明白我们有幼儿般的幻想。很多时候,我们有意无意地逃避现实,不愿像成年人那样去面对问题。这时候如果有事实戳破幻想的泡泡:"你们终究是独立的个体,不可能做到百分之百的理解。"那你就能更理性地对待失望感。比如把标准降低到 60 分，只要恋人达到及格线，我们就接受他的表现。要是超常发挥做到 80 分，那就是意外之喜，值得庆祝了。调整预期值到合理范围，我们的急躁会极大地缓解。

在内心设置一条红线，不要轻易逾越。情侣之间，往往忽略尊重彼此的边界。总觉得关系如此亲密，我可以为所欲为，把所有负面情绪都挂在脸上。所以请提醒自己："他虽然好脾气，但不可能无底线地纵容我。再这样作下去会分手的。"慢慢找到相处的度：既不用像外人那样客气，也不能跟家人一般随意。明白两个人再亲密，也还是要有分寸感。了解对方容忍的限度，避免去踩他的雷区，以免把另一半的耐心消磨殆尽。交往中保持危机意识，我们就能收敛起不耐烦的态度。

最后，改变表达方式，避免用烦躁来拉开距离，缓解亲密关系带来的恐惧感。如果对于靠得太近有点害怕，其实不需要伤害另一半，总是找机会跟他发生冲突。可以心平气和地交流："亲爱的，你对我太好，我担心自己被宠坏了。你也稍微克制一下，多多考虑自己吧。"跟他把话说开，双方将情感浓度适当降低。这样我们接受他的好也心安理得，不再害怕感情升温太快，无法承受更进一步的亲密。

> 小事消磨了爱情

处理鸡毛蒜皮的矛盾

关键词 ｜ 扩大化，情绪宣泄，合理期待

有时候，爱情不怕风雨的考验，反而容易在琐事中消磨干净。我身边一些朋友就是这样：刚开始得不到家长的同意，还是克服重重困难走到一起。但是真的过上柴米油盐的日常生活，两个人却经常为小事而争吵。"你怎么东西乱摆乱放，难道不懂要放回原处吗？""早点睡吧，你手机屏幕太亮影响到我了。"虽然有聊不完的话题，认定彼此是自己的灵魂伴侣，但这些鸡毛蒜皮的问题就是导火索，总会让我们在生活中摩擦不断，严重影响到对亲密关系的满意度。

所以我的朋友感慨："那么难的时候都过来了，如果因为小矛盾而散伙，感觉也太讽刺了。"她意识到争吵的杀伤力，也为这个棘手的问题感到头疼。的确，如果说家庭的阻碍是游戏中的大BOSS（关底怪物），那么鸡毛蒜皮的冲突就是通关路上的小怪。或许你有击败大BOSS的实力，但可能被小怪缠住，最终在阴沟里翻船。

如果总为了小事而争吵，我们该如何进行调整呢？

改变扩大化的思维，避免上纲上线，进行人身攻击。很多时候我们因为小事争吵，并不代表被鸡毛蒜皮的冲突激怒，只是当这个矛盾出现时，我们在心里把小事变成严重的挑衅。比如看到恋人取了东西随便乱放，可能不仅觉得这是习惯问题，还是对方屡教不改，完全不把我们当一回事，甚至认定他态度冷淡，对我们没有以前那么在乎了。把恋人脑补得那么恶劣，我们就很容易对他产生敌意，通过小事来表达潜在的攻击性。

要解决这个问题，我们需要学会就事论事的态度，客观评估小摩擦。如果看到对方乱拿乱放，感到内心的火气冒出，可以先告诉自己："根据现实情况，他表现出的就是不会收拾。至于对我态度如何，这段感情是否已变质，都不能随意下判断。"暂时搁置消极的猜测，防止将小问题放大，心态也会更加平和。先假设他没有恶意，只有发现他伤害你的事实，才考虑是对方的人品有问题。采取对事不对人的态度，意识到恋人并非冲我们来的，就不容易为琐事起冲突。

建立冲突解决机制，让负面情绪及时得到调整，减少借题发挥的情况。当刺激强度不足以引发那么激烈的反应，我们就需要考虑："这究竟是小事引起的，还是新仇旧怨都爆发出来了？"因为屏幕太亮而抱怨他时，我们或许早就很不爽了。可能长久以来，对方一下班就变身网瘾少年，忽略了陪伴你；太过沉迷于网络游戏,在事业方面并不上进;甚至打排位赛到深夜两三点,严重影响到你的睡眠质量。怨气累积到某种程度,就变成装满火药的木桶——一点小火星就能让我们爆炸。所以为了鸡毛蒜皮的事有矛盾,可能是在宣泄压抑的负能量。

想让亲密关系更和谐,我们不妨定期开"吐槽大会"——设置一个安全、相互包容的交流环境,允许双方把想法和建议提出来。大家要约定好:做到彼此坦诚,而且事后不找对方的麻烦,保证沟通的透明度。同时也要考虑另一半的情绪容纳能力。比如限制吐槽时间,允许对象有调整的权力。当他感觉无法承受时,就跟我们提出暂停,等大家平复情绪后再继续。用一种相对温和、可以控制进程的方法表达攻击性。建立宣泄情绪的管道,有什么怨言无须压抑,那就能减少借题发挥,因为小事跟恋人开炮的情况。

最后,要放弃不切实际的幻想,对恋人保持合理期待,避免理想和现实有过大差异。当我们和恋人达到亲密无间、水乳交融的状态,或许会下意识地产生这种想法:"你应该是我肚子里的蛔虫,不用我说就清楚我想怎么做。"我们对另一半抱有很高的期待,所以看到对方没按自己的喜好做菜、整理家务,内心会产生加倍的挫败感。因为"两个人心有灵犀、默契十足"的幻想被打破了。我们被迫从融为一体的美梦中醒来,意识到两个人有很多差别。理想的幻灭越严重,我们越会揪着鸡毛蒜皮的摩擦不放,无休止地跟对象争吵。

因此要经常检查自身观念,修正不切实际的想法,尽量让主观和客观相符合。比如,如果觉得"我不开心了,他应该立刻能觉察到",那么当对方缺乏反应时我们就会很失望,气得跟他大吵一架。但在现实生活里,恋人并非 24 小时跟随我们的摄像头,可以那么敏锐地捕捉到情绪变化。请改变旧观念:"我难过时,他没及时发现也很正常。想要安慰,跟他直接说就好了。"理解再亲密的两个人,终究还是独立的个体。对他的期待,应该基于客观世界的运行规律,而不是"我想怎么样,他就怎么样"的主观想法。这样一来,对于日常的各种小分歧,我们也能更平和地面对。

> **你能不能少说两句**

跟爱抱怨的对象沟通

关键词 | 情绪表达，环境设置，正强化

没人喜欢做情绪垃圾桶，承载别人的负能量。但在亲密关系里，我们却经常遇到这样的矛盾：虽然不喜欢家长里短的抱怨，听恋人吐槽工作和老板的问题，但却因为深爱对方而选择忍耐。就像一个过滤器，让恋人把所有负能量倒进来，再带着净化过的心情离开。

如果只有一次两次还好，要是对象总是说自己的不开心，遇到点小事就各种抱怨，那我们也很容易被负面情绪传染，变得焦躁不安起来，甚至有些排斥跟他在一起，想有更多自己独处的时间。等某一天再也无法忍耐，可能会叫他闭嘴或者少传播负能量，结果两个人爆发激烈的冲突。

假如遇到习惯抱怨的另一半，我们该如何跟他相处呢？

很重要的一点，是理解对方用嘴巴表达攻击性，通过抱怨来反击其他人的生活方式。经常在背后说坏话的人，可能平时处于压抑的状态。有什么难受的地方不敢当面讲，即便内心在疯狂吐槽，他也要维持表面的平和。但这股负面情绪不能直接表达出来，就会找到其他出口——在爱自己的人面前发泄，安全而且不会引来现实中的麻烦。他们没有意识到，这样做其实是在消耗恋人的耐心。当这个额度用完甚至透支的时候，这段感情也就走到了破碎的边缘。

让对方改变抱怨的习惯，可以帮助他想办法：在其他人身上受的气，是否可以通过更直接的方式去解决？比如用幽默的方法去表达攻击性。如果恋人同寝室的人熬夜玩游戏，把灯开得很亮，完全不顾及他人，不妨让恋人带点调侃的意味说："唉，古人说挑灯苦读，你这是挑灯苦战，还拉上我们几个吃瓜路人呢。"委婉地传递被游戏还有灯光影响的意思。

或者用引发愧疚感的方式，提醒他注意他人的需要。要是室友平时喜欢喝茶，就送他一包养肝明目的茶包，告诉对方："晚上你可以泡来喝，对眼睛和身体都好，熬夜还是要多多注意的。"室友被关心之后，可能也比较感动，然后愿意把灯调暗，或者少玩一些游戏，照顾他人早点睡觉的需要。提高说话的艺术，有什么负面情绪能够直接解决，就不需要总是在背后埋怨其他人的恶劣。

除了帮助恋人改进表达方式，设置一个克制抱怨的环境也很重要。我们需要跟恋人好好讨论抱怨的问题。为了增加他的接受程度，避免产生逆反和抗拒心理，可以先设身处地为他着想：

"亲爱的,我感觉你生活中有很多不顺心,这些事让你焦虑、抑郁,我也特别心疼你。"让对方感觉自己是被理解的。等完成这个铺垫后,再把自己真实的想法说出来:"我很想替你分担,把这些负能量都扛下来,但是现在发现自己做不到。每次你抱怨其他人的问题时,我就感觉特别难受,然后这一天整个人都不好了。"

用比较委婉的方式,表达出我们已经不堪重负,需要他减少传播负能量的行为。跟他商量:"亲爱的,你看能不能这样,咱们把吐槽的时间缩短一下。原来每说五句就有一句吐槽,现在说十句再挑毛病,你看成不?"引导对方降低抱怨频率,你就能稍微感觉好受些。如果恋人说做不到,有问题想要直接说,那就换一种方式:"我们每天花半小时开吐槽大会,让你把不满都说出来。之后回归爱与和平,不要再发泄负面情绪,这样可以吗?"把这个节制、有限度的氛围营造出来,慢慢改变他抱怨的习惯。

最后,尝试去引导。在他抱怨时,如果另一半能够忍耐,或者用积极的方式去应对,就给了他想要的奖励——关注和拥抱。有时候,粗暴的制止无法有效解决问题,还可能引发严重冲突。更巧妙的方法,是用正强化来引导对方,让他主动走到你想要的轨道上。让对方预期:我抱怨时他不搭理我,我正面去解决问题会得到赞赏。那为了获得自己想要的反应,他也会压抑指责他人的冲动,尝试用其他方式来宣泄负能量。

平时也给他做个榜样，身体力行地教会他如何调整情绪。比如遇到烦心事，出去跑跑步，把焦虑通过汗水排泄出去；拉上他到网红餐厅吃饭，通过享用美味的食物来获得愉悦感；或者挑一部紧张刺激的动作大片，沉浸在电影世界里暂时忘却烦恼。能力比较强的人甚至可以把负能量升华，变成自己工作的动力——越感觉焦虑，就越专心地工作。当另一半观察到更具适应性的解决办法，他也会慢慢学习到然后表现出来。从中得到很多正反馈，体会到这些方式的优越性，他就能停止抱怨，更好地管理自身情绪。

> **破冰小妙招**

冷战后，可以这样打破僵局

> 关键词 ｜ 释放善意，共情，冲突解决机制

　　冷战是爱情的杀手。或许你会发现：刚开始对恋人摆脸色，他会表现得很不安，立刻过来安抚我们的情绪；但长期用沉默来传达不满，恋人的耐心就会一点点被消磨掉。他不再愿意哄你，甚至在你哭得很伤心时完全无动于衷。当双方都彻底死心时，这段亲密关系也就走到了尽头。

　　但可惜的是，很多人虽然知道冷暴力的危害，却非常缺乏处理僵局的能力。朋友小莉告诉我："之前跟好几任男友闹翻，都是因为放不下面子。虽然我已经恢复理智，想跟他和好，但是又害怕热脸会贴上冷屁股，所以干脆趁冷战提出分手了。"

　　担心恋人冷嘲热讽，自己的心意得不到珍惜，也会让我们害怕向前跨出一步，不敢主动打破互不搭理的局面。

　　那该如何优雅地结束冷战，既维护感情又不被恋人看低呢？

　　1. 用间接的方法释放善意，不动声色地融化关系中的坚冰。

　　男朋友忙于加班，好几天没有跟我们说晚安。如果因为这个

跟他大吵一架，两个人正在闹别扭，不妨找个由头去关心他。要是擅长做饭，就烧他最爱吃的红烧排骨，送到他们公司，留一张纸条："亲爱的，我知道你最近工作很辛苦，但也不要忘了好好吃饭，保重身体。你的小可爱留。"然后拜托前台让他下来取。他收到便当肯定很感动，之后联系我们道谢时，就可以顺势和好，轻松地把冷战这一章给翻过去。

即便你不擅长做吃的，或者处于异地没办法亲自去送，那也有很多表达关心的方式。比如从外卖软件下单，给女朋友订新鲜的水果和鲜花；或者看到他平常缺乏的东西，趁这个机会给他补一下。像是男朋友工作经常熬夜，那就买养肝明目、缓解疲劳的花茶，让他晚上泡一杯；或者送静心提神的精油，让他在疲劳时可以自己进行按摩。感受到我们的体贴和关心，对方即便还在生气也会缓解，能大大推动和好的进程。

2. 搞清楚对方生气的原因，对症下药地解决。

对于之前提到的朋友小莉来说，这个点也是破局的关键。因为她特别依赖另一半，想要占据男朋友除工作外的所有时间，这让对方越来越难以喘息。所以到最后冲突爆发，两个人每天都在冷战中度过。如果她理解男朋友对个人空间的需要，愿意用更理智的方式去获得陪伴，冷暴力的局面也能很快结束。

尝试去跟恋人沟通："亲爱的，我知道自己有过度依赖的问题，让你在相处中感觉很疲惫。如果这一点带给你很多困扰，那我真的很抱歉。"站在另一半的角度上思考问题,真正去感受和体谅他的负面情绪。做好了对恋人的深度共情,相信他内心的怒火也会平息下来,更愿意倾听我们的想法。

这时候再把解决方案抛出来,从根本上解决两个人的冲突:"亲爱的,那你看能不能这样,以后你陪我好好聊半小时天,剩下的时间你可以做自己的事。我也会把注意力转移到其他地方。咱们俩好好磨合一下,可以吗?"结合自己的底线,还有对方忍耐的极限,求同存异制订大家都能接受的方案,避免再因为类似问题而冷战。

3. 协商合理的冲突解决机制,避免冷暴力伤害感情。

跟恋人达成共识:大家可以表达不开心,或者暂时拒绝说话,想要静一静,但是这个期限不能超过三天。不管争吵有多严重,我们都要在规定的时间内恢复交流,避免用互不搭理来发泄不满。然后在协议上签字,用有仪式感的方法来提醒彼此这一点。

如果感觉内心的负能量爆棚,很难依靠自己调整过来,就要启动第二套解决方案:不断讨论这件事,有效疏导压抑的愤怒。就像被男朋友忽略的"游戏寡妇",因为恋人花太多精力在虚拟世界里,总感觉没有被看到和好好珍惜。假如是这种情况,不妨创造20分钟的吐槽时间:在这段时间里,我们可以把自己被忽略的痛苦表达出来,让恋人来体谅这种孤单的心情。超过这个时段,不管还有多少话想说,也要控制住,等明天有额度时再继续。当你有节制地跟恋人表达不满，他能接纳的概率会更高一点。

当然，和对方约定休战信号也很重要。因为负面情绪的强度很大时，恋人可能缺乏足够的心理资源去应对，所以他会进入防御状态：反击正在倒苦水的我们，甚至说出特别伤人的话。要避免这种情况，我们就需要用和平的方式去解决：如果你感觉承受不住，就释放一个停止的信号，等双方都冷静下来再继续。当恋人发现解决争端的方式是安全的，不会带来超过承受范围的伤害，也会更乐意选择沟通而不是冷战。

第五章

好的恋爱，坏的恋爱

CHAPTER 5

> 理想爱情是什么模样

亲密关系的三个标准

关键词 ｜ 三角理论，直接沟通，留白

每个人都向往理想的爱情。但是对于刚刚走入亲密关系，比较缺乏经验的人来说，他们会有一个疑惑："好的感情应该是什么状态？我的亲密关系是在正轨上吗？"对于现在的相处模式拿不准，希望有一个标准答案给自己参考。

虽然亲密关系具有个体差异性，甚至会出现"甲之熊掌，乙之砒霜"的状况，但具备这三个特点，你的爱情有更大概率收获幸福。

1. 满足爱情的三个要素——激情、亲密和承诺。

网络上流传一句话："颜值决定两个人是否在一起，而性格决定你们能在一起多久。"这句话虽然夸大了颜值的作用，但是也反映出生物本能在爱情中的影响力。并不是强求肤白、貌美、大长腿，或者八块腹肌、帅气多金，而是需要另一半有足够的个人魅力，能够唤醒我们的欲望，让我们有想和对方在一起的强烈冲动。

除了欲望的成分，亲密感也很重要。比如两个人有聊不完的话题，经常兴致勃勃地轧马路，到网红餐厅打卡，留下许多愉快相处的记忆。获得稳稳的幸福，也需要对彼此的承诺。比如跟恋人保持独占性，保持和异性交往的适度边界；做好未来规划，为拥有一个幸福的小家而奋斗。当亲密关系具备这三个要素，我们才能拥有期待中美好的爱情。

2. 保持沟通的顺畅，不用抱怨或冷战的方式间接表达情绪。

缺乏良好交流，是很多情侣走不到最后的原因。两个人存在太多误解，无法处理这些矛盾，只能遗憾地分开。一种情况是有情绪无法正面表达，用间接的方式求关注。比如男朋友打游戏，没有足够时间陪伴自己，很多女孩子因此非常生气。但是她们内心不满时，并没有用成熟的方式表达，而是狠狠地攻击对方。像是打一通电话去抱怨："你天天打这个破游戏，究竟是要我还是要它？"或许她们本想说："游戏占用太多时间，你都没空来陪我，我真的好孤单、难过。"但因为不愿展露脆弱的一面，她们情愿大吵大闹，用强硬的方式逼迫对方低头，然后过来安慰自己受伤的心。但结果可能事与愿违：引起另一半的反感甚至愤怒，两个人吵得不可开交。

另一种情况是冷战。很多男生不吵不闹，选择用沉默，甚至玩失踪来表达抗议。女朋友抱怨他经常跟别人暧昧，不愿把手机密码交出来。男生虽然心烦，但可能不会选择吵架。他表达愤怒的方法是冷暴力：短信回复得越来越慢，即便女朋友打电话过来也很快挂掉，再也没有从前的殷勤。他通过冷淡的表现，让女朋友意识到自己不高兴了。

遇到问题不正面沟通，用抱怨或者冷暴力来传递不满，感情会受到极大的伤害。当另一半的耐心耗尽时，这段感情就几乎要宣告结束了。所以直接的表达特别重要。对恋人有负面情绪时，可以态度温和而又坚定地表达立场。如果有分歧，就慢慢找到双方都能接受的解决方案。不要害怕伤害关系，因为间接的方式对感情的破坏性更大。学会有话直接说、好好说，亲密关系才能长久地维系。

3. 把握好双方的边界，给感情多一点留白。

有些情侣的争吵源于边界不清。一方觉得两个人就该黏在一起，但是另一方却希望有更多空间。对于缺乏安全感的女生来说，她们担心这种抗拒代表"不爱了"，在感情中变得患得患失，异常焦虑。实际上，在亲密关系里划一条清晰的界线很重要。如果我们意识到，即便是水乳交融，亲密到没有间隙的恋人，也终究是两个独立的个体，需要有除二人世界外的其他生活，那么双方的矛盾就能有所缓和。

接受这个情况的女孩子，会把部分精力转移到自己身上，用来发展人生的其他部分。比如思考未来五年的工作计划，为升职加薪而努力；或是捡起荒废很久的爱好，业余时间自己去看展，跟闺蜜报班学陶艺，从工作和个人兴趣中获得情感滋养。当我们没有把爱情当成全部，经营好自己的生活，就不会做一个让他喘不过气来的"黏人精"。

或许你会给恋爱制订"日程表"：把相处时间安排得满满当当，仿佛两人是连体婴。这其实是对独处感到恐惧，所以要24小时和对方捆绑在一起。当我们意识到二人世界并非全部，要留出多点时间去探索外部世界，慢慢成长为更好、更丰富的自己时，亲密关系就会留下一些空白。而这个空间，反而允许我们保持对恋人的想象，在重新结合后体验更多的新鲜感和激情。这也是"小别胜新婚"的心理学原理。

> 他让我在爱中受伤害

远离这三类毒恋人

关键词 | 自我中心，控制欲，巨婴模式

亲密关系本该是我们成长的道场，很多人却因此备受煎熬。我有些朋友就是如此：跟恋人的磨合出现问题，三天一小吵五天一大吵，整个人以肉眼可见的速度憔悴下来，甚至陷入不断的自我怀疑中：我是不是很差劲？为什么两个人就是无法好好相处？原本乐观的小太阳也逐渐变得郁郁寡欢。其实在亲密关系中体验很糟糕，难以调整到理想的状态，可能是因为你遇到了毒恋人——有严重的人格缺陷，总是带给另一半痛苦和伤害。如果接收到的是源源不断的负能量，而非对方给予的情感支持，我们在这段关系中也会越来越消沉，甚至变得完全不像原来的自己。

毒恋人的危害如此严重，我们又该如何去识别呢？

1. 他完全以自我为中心，甚至把你当成工具利用。

某些人谈恋爱，出发点可能是功利的。比如说"我想找个男朋友，给我送包包和化妆品""我跟她在一起，纯粹是因为她长得好看"。如果对方跟你谈恋爱，其实只是想找提款机或者花瓶，对你缺乏发自内心的爱与照顾，那你就很容易有被利用的感觉。还有一种值得警惕的情况，是付出和回报严重不对等。恋人总是索取关注，在我们难过时完全没有体谅的意思。你可能会发现，他不高兴了自己需要立刻去哄，承受他的作跟无理取闹，但当你想要抱怨工作上的种种不如意，对方却立刻岔开话题，明显在忽视你的情绪。

过度以自我为中心的恋人，很容易在相处时引发矛盾。或许热恋时，我们可以压抑自身的需要，尽量去配合另一半的要求。但长期只有付出没有回报，被剥夺感会逐渐增加。你会觉得："凭什么都是我在迁就？""难道我就该低你一等吗？"想要推翻不公平的相处模式，回到更加对等的关系。如果另一半拒绝做调整，双方可能就会陷入情绪化的争吵。即便你愿意承受这一切，扛着两个人的压力和责任，这条路也会走得异常辛苦。

2. 他太过大男子主义，有强烈的控制欲。

相信你遇到过这样的男生：仍然保持重男轻女的思想，觉得女生婚后就该放弃工作，一切以家庭为重。在小细节上，他表现得非常绅士，彬彬有礼，但真正涉及核心利益时，强硬的态度就展露无遗。你会发现：决定今后往哪发展时，必须配合他的计划，即便代价是要去其他城市重新开始；即便正常跟其他异性来往，比如和男同事加班处理工作，他也会不断打电话催你回家。被安排和控制的感觉，充斥着每一天的生活。

有人刚开始很高兴,觉得这是对方在乎自己的表现。但时间一长,可能就笑不出来了。因为这样的控制欲,其实也挤压了我们的发展空间。越是渴望自由的女生,越能够感觉到自我遭受限制。从某种程度上来说,我们就像对方手中的提线木偶,被操纵着往他想要的方向走,自主权被剥夺了。如果默许对方的行为,他可能会变本加厉地侵犯你的边界,将你驯服并彻底掌握在手心。这也是很多女性虽然遭到家庭暴力,被丈夫狠狠地羞辱和打骂,却始终没有勇气离开的原因。

3. 他内心住着一个婴儿,事事都想依赖你。

可能相处时你总要照顾对方,感觉特别累。我的朋友L说:"我像是养了一个婴儿,什么事都要为他操心。"比如觉得男朋友是职场菜鸟,离开我们的指点会吃很大的亏;或者他那么缺乏自理能力,没有我们在身边照顾,生活可能一团乱麻。你会发现:自己对男朋友越来越放心不下,就像操碎了心的老母亲,总害怕孩子出现这样或那样的问题。如果被以上描述击中膝盖,就要考虑对象是否有依赖型投射性认同。比如他过度依赖你,明明可以独立解决问题,却表现得笨拙弱小,吸引你去帮助他;能够自己收集资料写文章,却推脱说做不好,让你帮助他完成。仿佛处于巨婴状态,在生活中缺乏独当一面的能力。

如果恋人有依赖型人格障碍,我们相处起来会觉得很辛苦。因为对方想要妈妈型的恋人,能够无微不至地关心他,难过时给予他温暖的怀抱。对象的人格成熟度较低，你就要在无形中承担起家长的重担，慢慢引导他获得心灵的成长。

这种身份上的错位，会导致严重的内心冲突："我究竟是他的恋人，还是他的妈妈呢？"伦理的禁忌，会让我们在跟恋人相处时感到怪异和焦虑。不仅如此，也很容易产生被压榨感："我又不是你妈，凭什么牺牲自我来照顾你呢？"被依赖者想要跳出双重关系，摆脱不属于自己的母亲角色。而意识不到这点的人，可能真的会把恋人当成婴儿，被他占据所有的精力，最后疲惫不堪，甚至彻底失去自己的生活。

或许你的对象有毒恋人的特征，但尚未病入膏肓。那就不用过度担心，想着立刻放弃这段感情。可以先去好好沟通一下。意识到问题的严重性，相信对方会逐渐做出调整。

> 因爱而彼此受滋养

和恋人合拍的五个标志

关键词 | 灵活性，愉悦感，自在感

我们两个合适吗？他是不是能和我白头偕老的人？相信每对热恋中的情侣，都会在甜蜜的同时，对未来有些小小的担心。因为你投入了很多时间和精力，所以也想长久地拥有对方，害怕有一天发现双方不合适而痛苦地分开。

要评估双方的契合度，还有走到最后的可能性，我介绍五个靠谱的指标。

一是灵活性。他能很快自我调整，主动去适应不同的价值观和思维方式。虽然我们想找到完全合拍的伴侣，但这想法并不现实。因为每个人都有个体差异，就像世界上没有两片完全相同的叶子。即便从外观上看几乎一样，但在纹路和形状上还是有微小区别。人更是如此。所以判断跟伴侣是否合适时，不能光看是否聊得来，有多少共同爱好，你更要观察他面对分歧的态度：是固执己见，逼我们按他的节奏来；还是有商有量，把两个人调整到同一频率上。如果他的人格缺乏灵活性，总是要你去迁就和安

第五章 好的恋爱，坏的恋爱

抚，这段感情就很难走下去。因为所有调整的压力都是我们扛，自己很容易感到疲惫和不满，最后跟恋人爆发激烈的争吵。只有他做好改变的准备，一起去磨合导致冲突的相处模式，亲密关系才能平稳地维系。

二是愉悦感。他能让你心动，相处有激情和快乐。但很多人缺乏这种体验。她们对另一半没那么喜欢，只是考虑到他条件合适，追求时非常主动，对自己也是照顾得很好。或许你会自我安慰："反正过日子嘛，久了也会培养出感情。"但要记得考虑最坏的情况：如果真的缺乏化学反应，跟他处得没滋没味怎么办？

一些女生谈到出轨时会提到对恋人的不满："我男朋友实在太无聊了。跟他只能讨论今晚吃什么，完全没有精神交流。"对方满足不了我们的情感需要，就像家里缺少食物，会让你饥肠辘辘，实在忍不住就想到外面偷吃。因此要不想办法从相处中找乐子，要不有过人的忍耐力，不然待在缺乏愉悦感的关系里，你会过得很辛苦。

三是自在感。恋人虽然有自己的期待，但也接受你展现真实的状态，而不是必须向他的理想型靠拢。很多人在带着模板找另一半，希望你是他心目中如水般温柔，不会咄咄逼人的女神。如果我们完美地满足了他的幻想，对方也会好好珍惜、呵护这段关系，让你感觉他是对的人；但当我们表现出暴躁的一面，恋人的期待就落空了。他可能会失望地说："你竟然是这样的女生。"开始变得很冷淡，甚至用分手来表达愤怒。

所以确认两个人能否走下去，要去了解：他喜欢真实的你，还是把你当成理想型的寄托。如果是前者，你能放心地做自己，不用小心翼翼地维护人设；而是后者的话，即便另一半说"宝贝，不管怎样我都爱你"，我们仍然有不自在感。这种莫名其妙的压抑，是对恋人潜意识愿望的反应。因此在相处时感到轻松，说明对象能接纳真实的你。

四是独立性。除了二人世界，你们还有自己的生活，可以充分发展人生的其他部分。很多女生在谈恋爱后，就把男朋友当成全部意义，恨不得24小时围着他打转。原先的个人兴趣，还有事业上的野心，好像都没那么重要了。这种高度的亲密和依赖，其实是很危险的状态。或许对方刚开始还很享受，但时间长了，他总会受不了，想要撤出来。因为感情无法承载人的所有需要。对象还想要到外面的世界，通过努力拼搏来实现自身价值；想要结交一群志同道合的兄弟，获得声望和友谊的滋养。这样他就需要个人空间，无法把时间和精力都放在亲密关系上。如果我们太过依赖对方，难以体会独处的乐趣，那感情的维系必然困难重重。只有保持好独立性，既享受甜蜜的二人世界，也不忘去经营自己的生活，你和对象才能稳稳地走下去。

五是一致性。许多情侣的成长路径很不相同，只是在某个节点上，他们相遇相知并且相爱。但等过了这个阶段，差异性就越来越多地暴露。如果没有协调好矛盾，两个人会陷入摩擦不断甚至相互仇视的境地。

我的朋友小雅出生在普通的小康家庭，父母希望她能找个安稳工作，以后相夫教子，平淡地生活。可是在大学里，她爱上了家境贫寒的"他"。因为从小受过太多苦，他特别节俭而且有危机意识，希望小雅别花那么多"冤枉钱"，陪他一起打拼。因为价值观和未来计划上的差异，他们经常闹得很不愉快。俗话说："门当户对。"虽然不提倡用阶级来区分人，但谈恋爱需要考虑成长环境的影响，特别是在三观、生活方式和人生规划等方面。如果一致性比较高，你更有可能收获合拍的爱情。

> ## 我们很好，在表面上

假性亲密关系

关键词 | 情感隔离，反向形成，原生家庭

✉ **阿美：**

我现在心情很差，您能帮帮我吗？在外人眼里，我跟男朋友很般配，感情稳定，没多久就会走入婚姻的殿堂。我们也的确见过双方家长，正要筹备结婚的事。闺蜜们都羡慕我，可这段关系没她们想的那么好。我和他是人前秀恩爱，人后淡淡的，没多少交流。他虽然关心我，经常带着我去逛街、吃东西、看电影，但两个人间总隔着一层什么。感觉他内心是封闭的，对我没有真正的情感流露，只是在扮演男友的角色。

我认为不太对劲，试着跟他聊过这个情况。结果对方居然说："我没有，你不要胡思乱想。"很回避去讨论到底怎么回事。我也咨询过父母，他们觉得："只要男生人品好，上进心强，其他都不算大问题。小两口能把日子过好就行。"真的是我想多了吗？还是他的确隐瞒着什么呢？希望得到您的分析，谢谢。

覃宇辉：

阿美你好。我能体会你内心的迷茫和纠结。在亲密的表象下，你们其实很疏离。他似乎不是发自内心地爱你，恋人间没有真正的情感联结。虽然对方很好地扮演着男友的角色，却并未打开心扉，接纳你更深入地去了解他。如果这些描述都符合，那我可以判断：你们大概率处于"假性亲密关系"——一种回避焦虑的心理防御机制中。

之所以逃避真实的亲密，是因为害怕暴露真实的自己，将不设防的一面开放给恋人。在这种恐惧感的背后，是我们深深的焦虑——仿佛建立真实的情感联结，带来的必然是伤害和痛苦。为了躲避难以承受的后果，对象把自己装在厚厚的防护罩里，跟我们隔离开来。而代价却是，情感交流的管道堵塞住了，再怎么努力都走不到他心里去。所以阿美感受到的淡漠和回避，我相信是真实存在的，是另一半对亲密关系中伤害的防御。

两个人陷入假性亲密关系，是在运用反向形成的机制：内心越疏离，反而营造出越亲密的表象。男朋友私底下淡漠，没有表现过强烈的爱意，但除感情以外的方面，他的确对你非常好。这种状态，就是在掩盖内心的抗拒。或许潜意识层面，他是知道跟你没那么亲近的，因为害怕被发现和闹翻，才表现得很殷勤，把表面文章给做足、做好。你可以说这样很虚伪：明明内在一片贫痒，却要用花团锦簇的外表来装点，使人感官上容易接受。但追根溯源，是双方不敢坦诚地面对自己和感情。

原生家庭的模式也是原因之一。很多人生活在高压控制的家庭：跟着父母的要求走，自己的意愿得不到重视。久而久之，他们变成了家长情绪的响应者——好像自己的感受不重要，唯一的使命是讨好爸妈。如果自主权总被压制，那我们仿佛习得性无助的鳄鱼，因为碰得头破血流过，所以再也不敢去相信：原来我可以打破限制，走到玻璃屏障的外面。他们表现得很压抑，迁就另一半的需要；对另一半充满怀疑和不信任感，难以把内心世界敞开给对方，担心再次被控制和伤害。这样的人在恋爱中，很可能会处于假性的亲密状态。

那要如何进行调整呢？要引导对方改变"爱会带来严重伤害，我无法承受"的想法，逐渐撤掉内心的防护罩。如果对方总是回避亲密，就要引导他重新评估："如果真正去爱，我会受到什么伤害？""这种情况经常发生吗？"当另一半发现，最坏的结局好像能承受，而且落到那个境地的概率并不高，那他也能逐渐拾起面对的勇气。同时，给对方安全感，缓解他打破防护罩的焦虑。比如做出"我不会伤害你"的承诺，然后言出必行；在恋人撤掉防护罩时，给他更多的体贴和照顾。双方共同努力去打破假性亲密。

坦然面对内心的恐惧，直接跟恋人交流。处于假性的亲密状态时，对象可能觉得不聊更好，把话说开反而伤害你。实际上，这是他把害怕受伤的心理，转移到我们头上，逃避自我暴露带来的不安全感。要想破冰，你不妨先主动表达情绪："亲爱的，有时候我觉得自己是胆小鬼，明明想更多地了解你，又害怕你会嫌我烦。"营造出真诚坦白的沟通氛围，给另一半做榜样，用行动鼓励他把心里话说出来。当你敢于卸下防备，表露自己脆弱的一面，对方也会被你的勇气带动，更愿意去面对真实的关系。

打破代际传递，发展具有适应性的相处模式。如果是原生家庭的影响，需要和恋人聊他的"精神包袱"——恐惧："宝贝，我理解你被爸妈伤害过，你很难付出真心，但请相信我会好好照顾你。你现在长大了，没必要还背着这个包袱，对亲近的人那么害怕。你可以放下这个包袱，自由地决定怎么做。"动摇恋人根深蒂固的关系预期，让他看到更多可能性。比如预设我们是值得信赖的，他的意愿在这里会得到尊重。当另一半不再复制和父母的相处模式，试着抛开恐惧相信我们，那假性亲密的状态就能逐渐好转。

> ## 恋人对我忽冷忽热

不稳定的情感联系

关键词 ｜ 边界感，舒适区，情感浓度

最近朋友 J 很崩溃。她告诉我："不知道怎么回事，我的男朋友总是一阵一阵的。这段时间特别温柔和体贴，过段时间又不搭理人，简直像个喜怒无常的小孩。"和不按常理出牌，态度忽冷忽热的恋人相处，让她觉得非常心累。在觉得另一半可以依赖时，这个肩膀会突然远离；而当想要放弃这段感情时，对方发的糖又让自己忍不住去幻想。

他总是让我们心怀期待，觉得找到了那个对的人。但真正陷进去后，体验到的却是落空的失望和痛苦。

为什么有的人恋爱后，会是一种忽冷忽热、捉摸不定的态度？

可能是对方的情绪续航时间有限，没有办法稳定地输出温暖和照顾。这也是很多男生来访者的苦恼："我很想一直包容她，给她安全感。但是有时候自己都焦头烂额，实在没心情晚上聊那么久。"每个人的情绪容纳能力都像一个瓶子，只能装有限的水。或许在没有压力时，对方能够全身心地接纳我们的焦虑，回馈无

第五章 好的恋爱，坏的恋爱

条件宠溺的安全感。但是当工作的压力、老板的责骂，还有父母的期待都涌入瓶子，恋人本身的焦虑感就溢出来，很难再分出精力承担我们的依赖。他呈现出的状态，可能就是过了一阵子的蜜月期，之后都是不怎么联系的沉寂。然后这种模式循环往复。

间歇性的冷淡，和根深蒂固的负面思维有关系。很多女生在和另一半越来越亲密时，内心会产生恐惧感："要是暴露出脆弱的一面，他是不是觉得就吃定我？""如果对他那么好，他会不会有恃无恐，以后不懂得珍惜？"当恋人忙于工作，很难及时查看和回复消息，这种担忧似乎得到了证实："你看，他有一搭没一搭的，肯定是不够在乎我了。"抱着过分概括化的观点，我们很容易把小细节无限放大，全盘否定另一半对自己的种种付出。甚至因为这种负面思维，我们会在关系升温时刻意疏远对方，让自己不受可能的伤害。

不稳定还可能是因为难以接受边界融合，缺乏维持亲密关系的能力。很多男生需要心理距离。他们觉得平平淡淡才是真，很难接受过高的情感浓度。但在热恋的时候，女生还是想要打开心扉，彼此坦诚，毫无保留。或许这种亲密无间的状态，对于我们来说距离刚刚好，而在对方身上，却是心理边界被极大地突破，使他产生跳出舒适区的焦虑和不适感。就像习惯待在冷水中的青蛙，突然被扔进热油锅，结果因为无法适应高温而立刻蹦出来。期待的感情太过浓烈，或许也会让另一半本能地往后撤，退回让自己舒适的位置。

恋人的态度波动大，让自己很有挫败感怎么办？

1. 了解恋人情绪瓶的容量，给对方调整和恢复的时间。

有些人的忽冷忽热，跟他的情绪承载能力有关。当负能量积压到一定程度，他们就再也无法维持"暖男"的状态，给我们稳定的爱和保护。所以我们要去观察，另一半最近是否遭遇了压力事件，情绪容器到了满溢的边缘。如果他因快要支撑不住了而往回缩，就提醒自己："他不是冷淡我，而是能量快要耗尽，需要充电了。"然后允许他消失一段时间恢复状态。要是有能力的话，也可以帮助他清理负能量。比如两个人去跑步，看电影，甚至允许他发脾气，大喊大叫。恋人找到调节情绪的方法，就能更好地维持亲密关系。

2. 说服他尝试实事求是，一切以现实为基础，不要对问题过度解读。

他可能看到我们和异性聊了几句，就想到我们会不会出轨，内心产生强烈的怀疑。那也可以告诉他："从和异性多聊几句到发生关系，中间可能漏了几个环节，比如发暧昧短信、私下接触，还有一起开房。"如果我们只是因为工作原因要多说几句，其他条件都不满足，他就要保持对我们的信任。若另一半能接受"先保持信任，有证据再去怀疑"的观念，因为害怕受伤而主动疏远的情况就会好转。

3. 了解对方的心理距离，两个人商量合理的界线。

很多时候，没有间隙的爱让他窒息，离远一些才能够呼吸。出现这种情况，双方要沟通自己的舒适区，慢慢摸索出大家都舒服的位置。或许早上和晚上都打半小时的电话，对另一半来说负担太重，但是每天只聊十分钟，又会让自己感觉谈了段假恋爱。那最好的方式，还是找到平衡点：睡前互道晚安，有质量地通话二十分钟。这样他不会因为缺乏个人空间而逃避，我们也不会因为缺乏陪伴而空虚寂寞。把边界设置在融合但又有所保留的状态，这段亲密关系才会是一种情感滋养，而不是恋人偶尔想逃的负担。

> 以后都由我说了算

理解大男子主义

关键词 | 家庭生态，从众心理，自卑感

✉ **阳羊羊：**

老师您好！我有一个困扰：对象是一个很大男子主义的男生，表现就是观点特别传统，觉得女孩子结婚后就应该相夫教子，少出去走动。有时候部门聚餐有其他男同事在，他就会特别不高兴，经常让我把聚会的照片发给他，这样才稍微放心一些。而且他在外面特别要强和好面子。他跟哥们儿喝酒，我想插一句嘴或者做自己的事都不行，必须在旁边乖乖地陪他。抱怨几句他就会跟我翻脸。但除这些以外，他人还是蛮好的，平时很照顾我，经常给我买衣服、鞋子。老师，您看他这种情况是否能够调整一下呢？

✉ **覃宇辉：**

羊羊你好。我能理解你的苦恼。男朋友表现得很大男子主

第五章 好的恋爱，坏的恋爱

义，要求你做他的乖乖小女人，说明在这段亲密关系里，他需要处于权力的上风。有时候他很难把你的感受摆在第一位，甚至会为了男性尊严而委屈你。就像你说的那样，他跟好哥们儿喝酒、聊天，不让你说话，但你必须陪坐。毕竟如果我们自顾自地玩手机，他可能会被小伙伴们笑话："哥们儿，你不会连自己的女朋友都管不住吧？"这会让他在哥们儿眼中的形象分大减。

你可能会不解，为什么我对象那么大男子主义，就不能正常平等地相处吗？很多男生成长在特别传统的家庭：男主外，女主内；父亲只管赚钱养家，家务事和孩子的管教就交给母亲。或许在男朋友眼里，他早就认同了这种定位：丈夫是家庭的顶梁柱，是另一半的依靠，同时对她有掌控权。迁移到亲密关系中，就是大男子主义：在家里要照顾女人，但在外面特别争强好胜，甚至为了面子可以暂时委屈她。这个想法，早已经由家庭的相处模式深深种在他心里。

除了家庭教育，表现出大男子主义也是对舆论的恐惧。很多男生的小圈子里，崇尚的文化是"男人要当家作主，说一不二"。如果某位小伙伴是"妻管严"，平时在女朋友面前大气不敢喘一声，就会被其他兄弟鄙视："被一个婆娘管住，你还算什么男人？"他甚至会成为聚会时的笑柄。这也是为什么很多男生私下很正常，但在外人面前就对女朋友呼来喝去：他们通过大男子主义的表演，获得其他哥们儿的认同，从而保住自己在朋友圈中的位置。所以恋人的强势或许是不得已而为之，是畏惧舆论而表现出的从众行为。

男性身份认同不够坚定的人，也很容易表现出大男子主义，这就是心理咨询中说的"反向形成"。有人说，缺什么就补什么。越觉得自己不够强大的男人，越需要对外界有掌控感。如果内心认为自己很男人，很有勇气和担当，那么反而能够放下身段，展现出柔软脆弱的一面。但对于不够强大的男人来说，任何挑战到他男性权威的行为，都会唤醒他自卑屈辱的灵魂，激活他强烈的焦虑感。所以他需要在亲密关系中夺取权力，控制另一半，通过向外界证明自己来获得"我是大男人"的信心。

那对于很大男子主义的恋人，我们该如何应对呢？首先要了解对方观念上的雷区，防止在沟通中触到逆鳞，导致谈话失败。比如另一半从前家里穷，经常被亲戚朋友鄙视，所以对"有钱有面子"这件事充满执念。那在交流时不要戳对方的伤疤："我知道你从小家里穷，特别自卑敏感，现在才加倍地证明自己。"而是换一种委婉的方式："亲爱的，我感觉你出手特别大方，甚至超出我们的负担能力。你心里是怎么想的呀？"引导他看清自己的心结，对大男子主义倾向有所思考。

帮助他认识到，坚持自己其实没那么可怕，做平等的恋人不会有损他的男性形象。如果恋人私底下人很好，但在朋友面前就要树立权威，不妨跟他梳理一遍这个问题："如果表现得很宠女朋友，兄弟们会怎么看我？""最坏的结果是什么，我有办法应对吗？"接受最糟糕的可能，并且想出一套应急的方案，那恋人也不会因为恐惧舆论而强装大男人。甚至他会发现：没有直接的利害冲突，大部分人只会打趣一下并且送上祝福。知道事情没有想象的那么可怕，他就会逐渐放下表演出来的强势。

帮助恋人找到自身痛点，慢慢成为真正强大的男人。要让对象放下大男子主义的人设，最根本的方法，还是要让他对自己有信心。可以去尝试：平时找到他的闪光点，多多给予认可。即便对方遇到挫折，也要帮助他在黑暗中看到自己的光芒。让他明白：即便失败了，也不代表他缺乏能力，是一无是处的失败者。平常多点出对方的优点，让他看到我们发自内心的欣赏。得到来自女朋友的信任和鼓励，男生也会逐渐走出自卑的阴霾，尝试并获得越来越多成功的体验，不再需要通过控制来增加安全感。

> **男友对我动过手**

你的他有暴力倾向吗

关键词 | 心理认同，容忍度，负面情绪

经常听到这样的说法："家暴只有零次和无数次。"仿佛恋人对自己动了手，这个口子就再也收不住了。

所以很多女孩子会担心："他生气时打过我，但之后也道歉了，而且其他时间表现得很正常，我是否还应该跟他在一起呢？"虽然不使用暴力是底线，但看到恋人那么诚恳地认错和挽回，我们内心坚定的想法又动摇了，觉得既然他已经认识到暴力的危害，那这段感情还有抢救一下的希望。很难切断两个人的情感联系，毅然决然地离开。

要想决定是否走下去，自己也要先了解：他的暴力倾向是如何养成的？

使用暴力的人，首先可能是一个受伤的小孩，或者家庭暴力的目击者。他们被父母用棍棒收拾过很多顿，或者目睹过爸爸妈妈打架，他们潜移默化地觉得：使用暴力是亲近的一种方式。心情不好时打你出气，或者用打架的方式来解决冲突，似乎是和亲

第五章 | 好的恋爱，坏的恋爱

密爱人的相处之道。他若认同使用武力的父母，就会逐渐向施暴者转化，在亲密关系中表现出暴力倾向。如果是这种情况，那么帮助对方调整要做好打持久战的准备：或许他理智时保证得很好，但情绪一上来，又会下意识地使用最熟悉的方式——家庭暴力来解决问题。

有暴力倾向的恋人，可能是分裂的状态：对外友好和善，在你面前才会动粗。这种情况其实不在少数。一个在外人看来斯斯文文、很有礼貌的男生，在女友面前却是十足的暴君，一有不开心就怒吼，甚至动手打人。这样的恋人，其实是知道不该使用暴力的。在对暴力缺乏容忍度的环境中，他会明智地表现出好脾气，避免被周围的人讨厌。但是在喜欢自己的人面前，他得到了忍让和容忍，所以会把一直以来压抑的不开心，统统用武力的形式发泄到她身上。直到对方心灰意冷，决定要离开了，他才慌忙地讨好和挽回。

对恋人使用暴力，可能是他心中积压了太多的负面情绪，只有用最激烈的方式，才能给他们的负能量一个出口。很多人其实背负着巨大的情感创伤，比如自尊被另一半践踏、付出真心却被背叛，甚至从小遭受周围的忽视和欺凌，他们就像浑身都是伤口的病患，有太多不能触碰的地方。我们但凡对他有一点怠慢，或者让他感受到背叛的威胁，就会重重戳到对方的痛点，再次激活他从前的创伤经历。为了把负面情绪都宣泄出来，他们可能会使用暴力的方式，因为伤痛的刺激实在太过剧烈。这也是为什么很多人平时很好，但是情绪爆发时像暴戾的野兽。

那要如何帮助对方走出来，改变他使用暴力的习惯呢？

1. 纠正他"打就是爱"的潜意识观念，帮助他使用更高级的方式表达情绪。

成长在一个用打架解决问题的家庭，看惯了父母的相爱相杀，小孩很容易认为，打骂就是亲昵的方式。要改变这一点，我们必须要告诉对方："野蛮人的沟通能力很弱，所以习惯用拳头解决问题。我们都是受过高等教育的文明人，有什么情绪都可以好好表达，你说是不是？"在他快要暴走的时候，也要学会引导他讨论情绪："亲爱的，我看你皱眉喘气的，是不是有人惹你生气了？""我知道你想打人，能说说他怎么惹你生气的吗？"当另一半理解自身愤怒的原因，学会吐槽发泄，就能更好地控制情绪。

2. 跟对方立规矩，表达对暴力行为的零容忍。

为什么恋人在外人面前是食草系的形象，但却对我们如此残忍？很重要的一个原因，就是他摸准了我们的纵容。他确信，就算遭遇了家暴，我们也会选择忍耐和不离开。所以他也能肆无忌惮地发泄内心的暴戾。在这类恋人面前，立规矩很重要。要温柔而坚定地告诉对方："要是你敢动我一下，我二话不说就跟你分手。"当对方想要挑战这条红线，比如开始嘲笑、使用冷暴力，自己也要毫不犹豫地给他警告。恋人知道我们是玩真的,就不敢随意地用武力解决问题。

3. 了解和规避他们的痛点,引导对方用其他方式缓解痛苦。

如果他因为从小被同学孤立很自卑,那就要避免随意开玩笑,说刺伤他自尊的话。但是我们都知道,人是很难做到百密无一疏的,总会有无意中戳到恋人伤口的时候。所以要跟他协商:如果你感觉被冒犯,就立刻跟我说。我会跟你好好道歉并做出补偿。如果真的被伤得很深,必须要打人才能发泄,那也用一个玩偶娃娃或者旧枕头替代,把恨都转移到这些替代品上。当恋人的伤口被小心呵护,而且被唤起的痛苦能找到其他出口,他就不会通过对我们施加暴力来缓解痛苦。

对不同类型的施暴者,我们可以按照以上的建议去操作,看看对方是否有改善。如果他有努力地在调整和配合,也不妨再给这段感情一个机会。

第六章

摆脱并超越
原生家庭

> 长大后，我就成了你

控制欲过强的母亲

关键词 | 相处模式，投射，边界意识

✉ **灰色：**

老师早上好！我想请教您：如果有一个控制欲很强的母亲，我该如何摆脱她的影响，正常地去生活和恋爱？我妈从小就爱管我：不仅要求每天看多久的电视，玩多久游戏，还具体到我穿的衣服——必须是公主裙，还要粉粉的、有蕾丝那种。因为按她的原话："这样才像一个小姑娘。"这没少害我被别的同学嘲笑说幼稚。但我也不敢反抗她，因为一旦跟她吵起来，她就会大哭大闹，疯狂地批评我，直到把我逼疯她才知道停下来。

过去的也就不说了，现在的问题主要是：我虽然反感她的行为方式，但也变得跟她越来越像。我会对另一半提很高的要求，甚至命令他按照我说的做。如果对方不肯答应，我也会用尽各种办法软磨硬泡，甚至好几次把他闹到想分手。我知道不能够这样，但控制不住自己，您有什么调整的建议吗？

覃宇辉：

我们对亲密关系的理解，最初是在观察父母，以及跟他们的互动中形成的。如果你从小习惯了"控制—被控制"的关系模式，总是被母亲操控自己的生活，那一方面，你会随着成长而抱怨自主权的缺失；但另一方面，这也潜移默化地影响了你的爱情观："如果真的爱我，就要满足我的期待。"用恋人的服从来给自己安全感，得不到就会特别焦虑。所以在亲密关系中，你跟妈妈有相似的表现，我并不惊讶。因为你已经这样过了十几二十年，它是你最熟悉也最拿手的相处方式。如果要你突然变得包容豁达，我觉得也是一件很困难，甚至会造成迷茫和恐惧感的事。

要放弃过度的控制感，可以先接触和学习新的相处状态，然后逐渐动摇固有的关系模式。我们可以问自己两个问题："除了控制，我能够用其他方法跟另一半交流吗？"如果答案是否定的，那接下来需要了解的是："可以从哪里学习到更健康的相处方式呢？"比如跟自己的闺蜜讨教，看看她们怎样在控制和自由间找到平衡；或者跟另一半讨论，商量彼此都能接受的解决方案。最重要的是，自己要跳出安全区，去试试看给恋人平等和尊重，不把自己的意愿强加在他身上，验证这样是否有更好的效果。当我们从新的相处模式中获得积极反馈，有越来越多的信心，也就不会总用妈妈控制别人的那一套了。

其实，什么样的人最需要控制感？是那些自我感觉很弱小、在外部世界缺乏自信的人。而且他们内心的掌控感越弱，就越容易觉得其他人不听话，想要用严厉的方法控制别人。他们没办法接纳自身的不完美，就习惯性去挑别人的毛病。如果对自己很有信心，觉得处理人际关系完全不在话下，这样的人反而对其他人更包容。要是总逃避矛盾，拒绝去面对内心深处的自卑感，那就很容易把问题归结到恋人身上，逼迫他按照我们的想法进行调整。就像从前母亲总认为她是对的，每次都用各种办法让你屈服。

对于这样的人来说，能够自我接纳，从自己身上找原因很重要。当你觉得恋人没达到预期值，要求他做出这样或者那样的努力时，不妨问自己一句："那我做得足够好吗？"客观去看待自己和恋人的问题，避免将锅完全甩给对方。当我们承认自己没有想象中那么好，然后主动去承担责任，那控制另一半的执念反而少了。因为我们意识到问题的根源在内部，要着手去改变消极的自我认同，这样就不需要像妈妈一样，把糟糕的感觉投射给他人，用控制他人的方式来回避自身缺陷。

控制欲过强的人，自我边界也很模糊。就像很多家长经常说："我是你妈（爸），你就得听我的。"他们没有意识到，孩子也具有独立的意志，并非任由摆布的玩偶。他们不能仗着血缘纽带和养育之恩，肆无忌惮地干涉孩子的自我发展。这种争抢小孩人生主导权的做法，属于心理学中的边界不清。如果将越界行为迁移到亲密关系里，会把期待强加到恋人身上，要求他满足我们的愿望，不管对方是否乐意这样做。因为处于未分化的状态，我们自认为能操控对方，没有尊重恋人界线的意识。

要改变这种状态，必须保持清晰的边界意识，认识到我们没有控制另一半的权力。其实可以做个换位思考：如果恋人特别大男子主义，要求你待在家里相夫教子，未来再也不能抛头露面，出来工作，你会怎么想？或许我们会愤愤不平，想要质问他："凭什么，你以为你是谁？"将这种愤怒和不满的情绪铭记于心，在自己想要控制对方的时候回放。或者代入被母亲控制时的感受，将心比心地理解恋人，给他我们从前渴望得到的东西——自由、平等、尊重，还有按照自身方式去生活的决定权。

谁也无法避免原生家庭的影响，但是有自我反省、自我调整的能力，你就和控制欲过强的妈妈区分开了。

> ## 希望他把我当女儿宠

缺席的父爱

关键词 | 依赖感，内心空洞，退行

✉ **小仙女要长大：**

老师你好。我最近跟男朋友经常吵架。我希望他能对我无微不至地关怀，就像爸爸对女儿那样，做我最坚强的后盾，不管我怎么闹都不离不弃。但是我的男朋友说这样很奇怪，不愿意给我父亲般的爱。

我真的非常苦恼。因为在我心里，如果真的爱一个人，就需要完全爱她、照顾她，这样才会让她能放心地去爱和依赖。但是男朋友不愿意这样做。是不是他不够爱我，不愿意认真地跟我交往？我还要不要跟他继续下去？希望老师给我解答，非常非常感谢您。

✉ **覃宇辉：**

小仙女你好。看到你的来信，我能感觉到你强烈的失落感：

希望男朋友是那个对的人，但是他却没能满足自己的期待。他拒绝扮演一个父亲的角色，给你可靠的肩膀、温柔的呵护，不愿意无条件地付出爱。甚至他觉得这种想法很奇怪。所以你说对这段感情的信心产生动摇，我非常能理解。

我也想大概分析他拒绝的原因。很重要的一点，是身份的冲突和错位。站在恋人的位置上，两个人是平等、相互照顾的。但如果变成父女关系，感情更多的是他单方面的付出，而你就回到可以撒娇、任性，需要照顾的小女孩时期。这样一来，所有亲密关系中的压力就转移到对方身上，让他感觉压力山大。而且更重要的是，如果你变成了他的小女儿，他要如何再给你情侣般的爱呢？一个父亲用男女之情来对待女儿，那就是一段乱伦之恋，是会被社会所禁止的。所以要他在恋人的身份外再承担父亲的角色，那突破禁忌的焦虑感会扑面而来，导致他感觉奇怪和别扭。

而回到你这一边，我也会想：究竟是什么原因，让你希望被当成女儿般宠爱，让这段亲密关系变得复杂起来？有些早年缺乏父亲关爱的女孩子，心里对父爱有很多的遗憾，这甚至变成她们心中的执念：我希望能做爸爸的掌上明珠，跟别的小女孩一样被宠、被疼爱。因为现实中的父亲做不到，她们才会幻想在亲密关系中得到满足。这甚至变成她们安全感的来源。只有确认恋人愿意宠溺自己，就像父亲会为小女儿倾其所有一样，她们才感觉内心的那个空洞被填上，终于能走出童年的创伤。

♥ 好好恋爱

除了要弥补从前的缺失，可能你也没有做好关系向前一步的准备，逃避更亲密的肢体接触。突然想变成小公主，表现得比较幼稚和情绪化，说明我们在心智层面发生了退行。而这样做的原因，通常是成年人的生活带给我们太大压力，所以逃回孩子世界给自己片刻的安宁。当自己突然想被当成女儿宠爱，会不会是恋人带给我们很强的焦虑感？比如提到想要更亲密的肢体接触，谈及两个人未来在哪里定居，甚至什么时候结婚、生小孩等。如果我们没办法回应这些问题，但又不想让另一半失望，就很可能会在潜意识层面想做回父亲的小女儿，这样自己就不用去面对身为成年女性应该去考虑的种种责任。

那该如何调整跟恋人的相处状态呢？如果单纯需要对方给予更多的安全感，以及父亲般无微不至的照顾，可以尝试用将心比心的方式，先主动地去爱他，慢慢将恋人引导成能给自己可靠肩膀的人。在亲密关系中有一个悖论：越渴望得到恋人的关心和照顾，反而越不能实现自己的愿望。因为功利性太强的行为，会被对方一眼识破，令对方对付出真心感到犹豫。如果我们做破冰的人，先尝试给恋人不保留的信任，把他的利益摆在第一位，那对方也会被感动和激励，自发地满足我们对安全感的需要。

要是期待用亲密关系填补早年的空洞，不妨先问自己一个问题："过去的伤害已经造成了，他也不可能真的变成我理想中的爸爸。那作为与我平等独立的恋人，他能够为我做些什么呢？"

看到自己想要弥补父爱缺失的愿望，但也要认清双方的身份，把预期调整到比较合适的位置。比如说跟他敲定一天的"为所欲为日"，让他把我们当成小公主那样去宠爱。而到了第二天早晨，我们又恢复到理性的成年人状态。或者把这份对父爱的渴望，转移到其他的叔叔伯伯身上，用更合适的方法来处理原生家庭带来的创伤。

同时也要审视我们的状态：想变成小女孩是不是退行的表现，从而逃避属于成年人的亲密接触？如果这种当女儿的心理，是对亲密关系的恐惧感造成的，那可以尝试探索和适应亲密行为，调整我们原先的认知。比如先对着镜子抚摸、观察自己的身体，适应敏感带被触碰并唤醒的感觉，熟悉肢体接触会带来的生理反应。等我们积累更多的经验，可以设定一个安全的氛围，和恋人更深入地尝试身体接触。在感觉到不适时，及时跟另一半叫停，避免对探索产生恐惧感。在亲密行为中体验到快乐，我们就不会抗拒恋人的邀约，通过变成小女儿来回避性的话题。

> 亲爱的，你可以多些主见

"妈宝型"恋人

关键词 | 独立能力，边界感，俄狄浦斯情结

很多时候，只有进入一段亲密关系，我们才能看清楚恋人真实的模样。

来访者 Z 跟我吐槽说："刚开始，我还觉得男朋友很成熟，懂得怎么关心人。但真正处对象之后，才发现原来他那么黏妈妈，事事都让母亲做主，是一个蛮缺乏主见的人。"

更让 Z 苦恼的是，对象的妈妈太过强势，以至于影响到她和他的相处。比如 Z 想假期出去旅游，但男友妈妈却觉得旅游区人山人海的，他们在本地逛逛就好。Z 觉得男朋友还年轻可以拼一拼，他妈妈却认为铁饭碗比较稳妥，让他守着这份稳定但低薪的工作。看到男朋友总是顺从母亲的要求，拒绝她的提议，Z 心里感觉很郁闷："你已经是成年人，为什么还不能有自己的主见呢？"

对于妈宝男来说，他们有"听妈妈的话"的惯性。依赖性很强的孩子，一般会有控制欲极强的家长。或许从他们小时候开始，妈妈就习惯去操心一切：从饮食起居到学习社交，都为小孩安排得妥妥帖帖。孩子只需要听从母亲的指令，就能活得很好。长此以往，小孩的自主性得不到有效锻炼。

他们没有真正面对过困难，未曾依靠自己的头脑和双手去解决问题，而是习惯了躲在父母亲的庇护之下，甚至感觉："我什么都不用担心，天塌了有父母帮我顶着。"这样的小孩，即便生理成熟了，独立能力也跟不上，结果变得毫无主见，什么事都需要父母把关。

男朋友是妈宝男，还可能是他处于跟母亲未分化的状态，自我边界很模糊。在婴幼儿时期，母亲和孩子的关系非常紧密。因为孩子太脆弱了，妈妈几乎需要24小时关注他的需要，给婴儿无微不至的关心和照顾。这种状态刚开始时是适应性的，能够带给孩子很多安全感和探索世界的勇气。

但是父母对孩子的爱，最终的目的是分离。当小孩成长为青年甚至成年人时，就需要脱离父母的高度关心，自由地去过他想要的生活。如果在这个阶段，母亲还把孩子当成婴儿去看待，把他想象得很弱小、需要照顾，那两个人的边界就重叠在一起。孩子没有足够的空间做自己，仍然是父母的附属品。

男朋友事事听母亲的话，也是受俄狄浦斯情结的影响。或许他也想拥有更多自主权，但害怕摆脱母亲的控制会带来惩罚，被限制在乖乖服从的位置上。Z的男友就是这样，虽有心自己做主，却觉得这样会让妈妈难过，甚至导致家庭关系破裂，所以仍然选择听从她的安排。遇到这样的情况，打破父母画的圈，明白可以跨出这一步很重要。当我们意识到，自己的力量已经足够强大，可以过理想的生活而不受阻碍，那就不用再做乖巧的小宝宝。

当遇到以母亲为中心的另一半，我们要如何引导他成长？

首先要帮助他培养独立能力，面对困难有解决的信心。比如 Z 的男友担心工作问题，情愿选择父母安排的铁饭碗。那这时候可以跟他一起思考未来五年的工作计划，还有自身的目标、专业契合度以及能够利用的资源。然后去了解新工作所需要的能力，根据现有水平逐渐向那个标准靠拢。在恋人成长的过程中，肯定会有遇到挫折和想要放弃的时候，我们要多多鼓励他，让对方在困难面前有坚持的动力。当他累积足够多成功克服困难的经验，就会更加相信自己，不会事事都依赖妈妈的安排。

还有，要提醒恋人他的母子关系过于紧密，引导他把焦点放在经营自己的生活上。可以经常在对象耳边重复："亲爱的，你这个年纪的男孩子，要不出去浪，要不就是忙自己的事业，像你一样每天待在家陪妈妈的很少见呢。"甚至隐晦地提到恋母情结或者乱伦的倾向，让他对于跟妈妈融合的状态感到焦虑，想要试着从原生家庭中脱离出来。如果恋人表现得很犹豫，就要提醒对方："那你能陪在妈妈身边一辈子吗？如果不能的话，是不是越早放下越好呢？"鼓励恋人主动改变未分化的状态，明确跟妈妈的界限。

最后是帮助另一半拓宽心理空间,容纳背叛父母的恐惧感。孩子对母亲是忠诚的,因为她曾是他生命中最重要的照顾者。当有一天这种保护变成阻碍,他们可能不忍心也不敢破坏这份感情。但成长本身就意味着背叛,用自己的主见去取代父母的安排,尽力过上自我决定的生活。

要让恋人看到这一点,明白他需要战胜恐惧才能获得真正的自由:"亲爱的,你在我眼中是一个闪光男孩,有太多的潜力没有发挥出来。如果就这样被限制,我真的觉得太可惜了。"陪伴对象走出舒适区,尝试他想象中"我不行"的那些事。当他发现自己比想象中更强大,就不会那么害怕惩罚,从而更加敢于打破原生家庭的禁锢。直到这个时候,妈宝男才能成为顶天立地的男子汉。

> # 你的传统，我无法接受

"凤凰男"恋人

关键词 | 规则意识，观念调整，分化

有句老话说："山沟沟里飞出金凤凰。"这句话反映了寒门出现优秀人才的惊喜。但现在我们常说的"凤凰男"，却有着嘲讽的意味——指那些刚来城市生活和工作，保留大量传统思想的男性。比如以男性为尊，觉得女生就应该听话，服从自己的权威；男主外、女主内，要求恋人结婚后在家带小孩，不要到外面抛头露脸；或者妻子不能跟公公婆婆争论，即便道理在妻子这边，也会要求她向长辈道歉。

跟这样的另一半相处，矛盾和摩擦会经常发生。因为两个人的三观差异很大，双方经常因争夺主导权而陷入僵局。结果很多女生发现：我无法忍受他唯我独尊的态度，最后迫于无奈只能放弃这段关系。

如果自己的恋人是凤凰男，我们要如何跟他相处呢？

很重要的一点，是即便自己理解他原生家庭造成的影响，仍然要守住底线不动摇。简而言之，就是给对方立规矩——"这是我不能触碰的底线。如果你敢来试探的话，就要做好被惩罚的准备。"打破对象觉得自己无所不能，可以随意操控我们的幻想，让他学会用平等的态度与我们相处。或许你会很纠结："如果这样伤害他，惹得他特别不高兴怎么办？"实际上，适当的挫败感是必要的。或许他会因为我们不愿任其摆布而愤怒，但只有设置好平等、尊重的框架，两个人之后的相处才会少很多摩擦。

心理学家做过一个实验：把小白鼠放在笼子里，让它自己去探索这个环境。当它发现踩到踏板会有食物落下，它会更频繁地踩踏板；要是触发机关会被电击，那它就会躲得远远的。这个实验说明：如果行为之后出现的是惩罚而非奖励，那这个行为出现的频率就会降低。在亲密关系中也是同样的。要让恋人知道：只要戳到我的痛点，你就会付出应有的代价，这样对方才会有所顾忌。比如恋人有蔑视女性的表现，你感觉很受冒犯，就可以对他说："我们好好冷静一周不要见面吧。"让他体会到越过红线的惩罚。

除了立规矩，还要帮助恋人重新评估，看看他的传统思想是否还具备适应性。很多时候，因为浸泡在原生家庭中十几二十年，再加上从前的环境熏陶，他们会对"男尊女卑""无条件服从"等观念深信不疑，仿佛这就是金科玉律，不管我们是否认同都要去接受它。要改变这一点，我们必须引导恋人去反思这些根深蒂固的观念，逐渐地动摇他认为是理所当然的规则，容纳另一

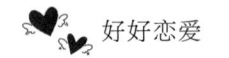

套评价体系。就像失去水分、硬邦邦的饼，需要用大量的水蒸气去渗透它，才能变得柔软，可以掰开来食用。

具体的操作方法，是一次次心平气和地沟通。首先可以看到他的想法，去认可恋人从原生家庭中带来的价值观。告诉对方："亲爱的，我能理解你说的以男性为尊。因为在你老家那边，赚钱养家是男人的活，祭祀、拜祖也都需要男丁来做。因为男孩承担的责任多，所以也更被重视。"先顺着他的毛摸，共情恋人需要处于上风的心情，然后把自己的想法也告诉对方："在城市里，大家的角色分工比较平等，所以这种尊卑的观念已经不大合适。"潜移默化地让他明白不同地方的差异很大。换到新环境中，自己的传统思想也该做出相应调整。

帮助他跟原生家庭划清边界，过上独立而自我决定的人生。很多人抱怨凤凰男的亲戚素质低，就像吸血鬼一样缠着他。实际上，这些负担凤凰男们也能感觉到，但是他们不敢去抱怨或者反抗，因为害怕父母劈头盖脸地责骂："我生你、养你、供你上学，你翅膀硬了就不听话了是吧？"他们害怕变成被所有人唾弃的不孝子。所以我们要帮助恋人解除愧疚感，让他产生脱离原生家庭控制的勇气，开始为自己而活。如果不调整这种高度融合的状态，跟他的大家族紧紧捆绑在一起，那两个人很容易感觉太沉重，甚至到无法喘息的地步。

要帮助恋人跟原生家庭分化，可以经常提醒他："亲爱的，感觉你都是为父母，为叔叔伯伯忙前忙后，每天都很疲劳。感觉你都没有时间来照顾自己，我特别心疼你。"引导他认识到他为大家族牺牲太多，现在也需要用更多精力来关注自我。如果他内心很有愧疚感，告诉我们说："爸妈从前为我付出很多，现在怎么回报他们都是应该的。"不妨这样回应他："叔叔阿姨很辛苦。我也相信他们栽培你，是希望你有更好的发展，将来过上自己想要的生活，而不是把你当成摇钱树和炫耀工具，满足他们的物质需要和虚荣心。你说是不是？"提醒对方父母之爱的初衷，避免把亲情变成价值交换——父母对我很好，我得倾尽全力满足他们所有的要求。要学会适当地享受自己的小日子。

虽然改变凤凰男的难度很大，但学会给恋人立规矩，帮助他重新评估自身观念，逐渐学会为自己而活，两个人也能更好地进行磨合。

> 总是遇到错的人

"渣男收割机"是怎样炼成的

关键词 | 强迫性重复，低自尊感，投射性认同

有人说："年轻的时候，谁没有爱过几个人渣？"但谈恋爱总碰到渣男，或许不是概率问题，而是我们有自己未察觉的"吸引渣男体质"。

或许你身边有这样的情侣：开始时非常甜蜜，仿佛是天造地设的一对，但是随着时间的推移，男生开始变得冷淡、不耐烦，甚至花心劈腿。女孩子忍无可忍跟他分手，然后抱怨当初怎么没看清他的真面目。令人吃惊的是，你本以为她吃一堑长一智，再次走入亲密关系时会找到对的人，但错误的选择却不断重复——这位朋友总是遇到糟糕的、把她伤得遍体鳞伤的渣男，仿佛在虐待自己一般。

我们之所以成为渣男收割机，是因为强迫性重复——经历那些痛苦的，但却是我们最熟悉、最有安全感的相处模式。很多人会爱上渣男，是因为在原生家庭中受过虐待，被爸爸妈妈忽视过，甚至嘲笑和打骂过。当她们习惯了来自亲人的伤害，也就会

下意识认为:"亲密关系本来就是如此。他们可以越过边界,肆无忌惮地伤害我。"所以在跟另一半的相处中,她们也会不知不觉地走入这个轨迹——回到受虐者的位置,承受来自恋人的嘲讽和伤害。她们害怕挑战这个框架,建立健康的,但自己完全不熟悉的关系模式。

要打破这个怪圈,改变"吸引渣男体质",我们需要积累足够多的安全体验,鼓起勇气去尝试新的关系模式。如果在原生家庭、亲密关系中体验到的都是伤害,那可以问一下自己:"我是否有被好好对待过?"记下那些积极的例外,然后经常给自己暗示:"你看,我并不是非得被虐,也可以得到尊重和爱。"甚至去创造一些温暖的体验:给朋友真切的关怀,赢得很多友伴支持;营造相互照顾的氛围,感受其他人的热情和善意。累积足够多的正向反馈,迈出打破伤害性亲密关系的第一步,逐渐向健康的方向转化。

有些人没办法摆脱渣男,也是因为低自尊感——总觉得"我很糟糕",一无是处,被人伤害是很理所当然的事。她们把自己摆在很卑微的位置上,仿佛配不上恋人的尊重和平等对待。就像把自己和对象放在天平的两端,衡量双方在长相、工作、家境等方面的差距。她们还会看轻自己的筹码,用忍让和包容来增加自我价值,以此来达到势均力敌的状态。她们甚至内心深处觉得:"我能跟他处对象就不错了。离开他,或许我就找不到更好的人。"即便对方有这样或那样的缺陷,大概率是渣男,她仍然选择和他在一起。

对于这样的女孩来说,提高自尊水平,认识到自己是"闪光女孩"很重要。不妨多做以下练习:在纸上列出自己的五个核心优点,五个人生中最闪耀的时刻,客观地看待自己的优势。同时每天都进行总结:今天我有什么进步?把蜕变记录下来,不断增强积极的自我认同感。如果有几个好闺蜜,也可以时不时开表扬大会:看到彼此的闪光点,然后给予真诚而充分的肯定,让大家都能感受到来自外界的认可。当我们有足够高的自我价值感,就不会被自卑限制住选择权,担心配不上更好的而和渣男在一起。

总是遇不到对的人,可能也有投射性认同的原因——把自己的想法强加在恋人身上,将他慢慢诱导成我们认为的样子。很多时候,恋人的渣可能是我们唤醒的。有个来访者告诉我:"我打一开始就没信任他,觉得这男的铁定会劈腿。所以我经常去查他的手机,打车跟踪他,还到他们工作单位蹲点。你看,他真的和那个女同事走得很近。"

我听得唏嘘不已:或许这个男生最初也想好好过,但是被当成"嫌疑犯",被这样严厉而充满敌意地监视,再深的感情也会被消磨掉。甚至因为被控制得太厉害,他下意识地用出轨来破坏关系,以此来获得喘息的空间。这就印证了她当初的想法:"他是渣男,一个伤害我的人。"但很大程度上,我们也是预言实现的推手。如果最开始没有对另一半充满怀疑，用放大镜去找他劈腿的证据，对方也不至于用"渣化"的方式来还击。

如果自己是"吸引渣男体质"，就要反思一下："是我遇到的每个人都人品很差，还是我无意识间散发某种气息，诱导他们这样恶劣地对待我呢？"就像我刚才提到的来访者，她对另一半有强烈的控制欲和不信任。她以缺乏安全感的名义，不断挤占男朋友的空间，也无法提供他想要的理解和安慰，因此对方特别抗拒，最后真的用出轨的方式来打破束缚，在其他女生那里找到情感支持。渣男的诞生，可能也有我们一半的功劳。

要解决这个问题，也需要多找找内因，考虑自己对恋人的影响，然后改变诱导对方黑化的行为模式，消除激化矛盾的风险因素。说服自己先去相信对方，对他保持基本的信任，有出轨的实锤再重新调整观念。这样的话，对方"渣化"的概率也会有所降低。

> ## 我对另一半没有信任感

拒绝复制出轨家庭的魔咒

关键词 | 原生家庭，愧疚感，自我阻碍

如果爸爸妈妈出轨了，在外边有第三者，孩子会怎么想？我的来访者 X 说："我变成一个悲观主义者——不敢相信家庭是幸福的，结婚以后老公愿意只守着我。"所以她在爱情中变得很多疑，只要男朋友跟其他女生聊天她就会很焦虑。

X 看上去过度紧张了，但这也跟原生家庭带给她的创伤有关。她的爸爸习惯性出轨，情人换过一茬又一茬，甚至每个月都见不了他几次面。看着父亲完全没有对家庭的担当，母亲每天都以泪洗面，X 逐渐内化了这种观念："另一半是靠不住的，会带来无尽的痛苦。"无论谁处在恋人的位置上，看上去有多踏实可靠，她都会对他产生强烈的敌意和不信任。因为和她最亲密的一对伴侣——爸爸妈妈，就没有过上幸福的生活。

成长在一个出轨家庭，我们该如何对感情恢复信心，相信自己能获得忠诚的爱？

首先要把自己和家庭切割开来，单独看待我们的亲密关系。

第六章 | 摆脱并超越原生家庭

虽然每个人和原生家庭都有千丝万缕的联系，但这不代表我们是复制品，会表现出父母在婚姻中的所有问题。用数学的概念来说：每个人都是一个集合。我们跟爸爸妈妈间有交集，也就是共通的思维和行为方式，但也存在跟他们不同的元素，那就是我们的独特性。要看到自己跟父母是独立的，是并不相同的个体。就算他们在感情中问题重重，也不代表我们无法获得幸福，无法获得彼此信任、彼此忠诚的亲密关系。

要真正做到这种切割，或者说分化的状态，可以尝试缩小跟原生家庭的交集，增加属于自己的元素。平时可以用小本子记下："父母婚姻不幸的原因是什么？""我身上是否有他们的影子？"观察父母的相处模式，找到导致出轨的性格问题，然后反思自己是否有相同的表现。如果答案是肯定的，那就要思考更加合适的关系模式，逐渐改掉和父母一样的坏毛病。当你和他们区分开来，不再是爸爸妈妈的"缩小版"，不再共享他们的相处方式和习惯，那自然就偏离了家庭为你安排的"命运"。

及时处理亲密关系中的问题，避免产生严重的危机。很多时候我们会恐惧："如果他像我爸一样出轨，让我天天在家里哭怎么办？"但实际上，凡事都有因有果。爸爸在外面不断地找情人，必然是这段婚姻没能提供他想要的营养，所以他需要到外界去寻找他匮乏的情感满足。如果家庭能基本满足他的需要，相信出轨的问题就能从根本上得到解决。所以我们可以从无由来地害怕，变成寻找并解决爱情中的缺失。让双方都能在亲密关系中享受并获得成长，变成他人生中不可或缺的支点，这样就不用担心被劈腿了。

要达到这一点，学会去跟恋人沟通，定期讨论和协调矛盾很重要。但可惜的是，很多陷入恐慌中的女孩子，害怕听到任何一点恋人的不满和抱怨。言路被堵塞住，双方的误解越来越深，最后可能真的往最糟糕的情况——分手发展。要真正解决内心深处的梦魇，我们反而要敢于去面对它，把矛盾用平和的方式摆上台面。比如可以跟另一半商量："亲爱的，俗话说居安思危，我们每个月找个时间聊一聊，把彼此的问题和意见都提出来，大家心平气和地讨论，你看好不好？"允许恋人表达意见和情绪，避免之后酿成更大的冲突，给亲密关系带来毁灭性的打击。

除此之外，也要学会应对愧疚感，超越原生家庭的不幸福。每个孩子对父母都是忠诚的，希望自己能有一个快乐美满的家庭。就像如果爸爸妈妈吵得很凶，我们肯定会试图去劝，以至于卷入父母的矛盾和相互敌视中。在我们长大之后，这种情感连接仍然存在，只是藏得更深了不易发觉而已。或许你会发现：出轨家庭的小孩，虽然意识层面痛恨第三者插足，但也会不自觉地向爸爸或者妈妈展现认同——要不也有背叛行为，要不就是遭遇恋人劈腿，让自己变得跟父母一样不快乐。

我们在担心恋人出轨时，可能是内心在阻碍自己获得幸福。

因为当你选择去信任对方,小两口每天开心地过日子,那就是在抛弃,甚至背叛你的原生家庭——得到了父母想要却不可得的幸福,没有跟他们一起受苦。所以为了避免这种愧疚感,我们可能会人为地给自己设置阻碍——怀疑另一半,过度解读他的行为,或者刻意找机会去考验他,达到把亲密关系变糟,重新回到痛苦和猜忌中的目的。想打破这种怀疑感,就要经常提醒自己:"我是否要跟父母捆绑,他们不得幸福我也不得幸福?"只有摆脱原生家庭的阴影,敢于追寻并享受光明,我们才能开始去相信爱情。

> **我总是爱上有妇之夫**

禁忌之恋的隐秘快感

关键词 | 被在乎，规则意识，移情

小三是被社会道德谴责的存在。但是选择成为第三者，背后也有不为人知的心理因素。

有个来访者告诉我："不知道为什么，我喜欢上的都是有妇之夫，或者有女朋友的男生。"她叹了一口气："其实我也不想这样，但就像被下了咒，我没有办法克制这种心动的感觉。"所以她每次都为了爱情，插足到其他人的亲密关系里，让很多家庭产生严重的震荡，也带给自己强烈的痛苦。

她也知道自己的行为会被外界谴责，甚至会被家人和朋友轻蔑地看待，但只有这种危险的激情，才会让她感觉自己还活着，把兴奋的状态调动起来。对她来说，这种刺激感，是正常地和单身男孩子谈恋爱所体会不到的。所以即便她知道怎样做对自己更好，仍然义无反顾地选择成为第三者。

具体来说，为什么她们喜欢撬墙脚，插足其他人的亲密关系呢？

因为横刀夺爱，把男生从另一个女生那里抢过来时，她们会有被重视的感觉。或者只有在这个时候，她们才真切感觉到自己被爱着。可能对很多人来说，只要另一半给自己爱和温暖，就能感受到情感的滋养，产生"我是被爱着"的感觉。但是对于总喜欢有妇之夫的女孩子来说，这样的亲密关系太清淡了，没有办法点燃她们的情绪。只有比较极端的情况——男人抛妻弃子，愿意放弃自己家庭，才能用巨大的牺牲来证明爱。看到恋人什么都不管不顾，只想和她在一起，这时候她才能相信他的真心。

这些所谓的"小三"，在亲密关系中也是缺乏规则意识的，即不明白爱情具有独占性，看到心动的男生有对象，就要学会保持距离，不要想着介入。她们不懂这一点，只要喜欢就要让他属于自己，就像完全放纵本能的孩子。或许也是因为父母没有做好榜样，把应有的道德观念灌输给小孩，让她逐渐内化这些规矩。甚至有些家长自己就习惯性出轨，对男女关系的态度非常随意，完全没有对婚姻规则的认同感。所以小孩也耳濡目染，觉得爱上有妇之夫或者有女朋友的男生很正常。这也是对爸爸妈妈的观察和学习。

最后一种可能的情况，是潜意识里有对成年女性的恨意，用插足的方式来报复母亲。这些做第三者的女孩子，通常跟其他同性的关系并不融洽。这种紧张的关系，或许是在复制她和母亲的相处模式。要是她妈妈从小就对她漠不关心，整天找各种机会冷嘲热讽，把她的自尊心踩在脚下，那这个女孩子的内心肯定会痛恨母亲。长大后，她可能会把这种敌意迁移到其他女性身上，破坏她们的家庭，变成她们咒骂厌恶的"狐狸精"。她不仅重复了跟妈妈糟糕的关系，还在潜意识层面重创母亲——我抢走了爸爸，让你尝尝被抛弃的痛苦。通过成为第三者来表达攻击性，体验报复同性家长的快感。

那喜欢撬墙脚的人，该如何进行自我调整呢？

降低感受爱情的阈值，避免让另一半用牺牲来证明诚意。相信很多人有这样的体会：吃惯了重油重盐的外卖，再尝试清淡的食物，就感觉特别没有味道。但坚持一段时间的清粥小菜，好像又能感受到家常菜的美味。亲密关系也是一样的道理。或许刚开始你不愿放弃畸形的爱，需要他抛下老婆才感觉被重视，但是跟单身的男孩子谈恋爱，逐渐适应了平凡、正常的感情，或许也能体会到对方真切的关心。其中的关键就是耐心，慢慢等待阈值降低，恢复对微小幸福的感知力。

重新选择学习榜样，逐渐内化普遍的道德规范。或许在原生家庭里，你没有被教导应有的社会道德，觉得插足他人情感没什么大不了，但现在意识到这个行为不对，就可以选择更好的道德榜样，认同她身上关于爱情和婚姻的价值观，让超我得到充分的发展。如果你身边有这样友善而且充满耐心的好闺蜜，平时不妨多跟她聊聊。甚至建立"导师—学生制"：定期约出来喝咖啡，好好聊一下自己遇到的问题。通过这种方式，我们就不容易破坏规则，再去和有妇之夫约会。

如果是对母亲有敌意，把仇恨转移到其他成年女性身上，那就要经常提醒自己："我是真的喜欢这个已婚男人，还是通过他来伤害他妻子，发泄对妈妈的负面情绪呢？"如果在一起的出发点不是爱，而是除爱以外的目标，那就要重新考虑使用的手段是否恰当。比如对妈妈有很多潜藏的敌意，那找个机会跟她好好交流，把早年受到的伤害表达出来，或许是更加直接有效的方式。要记住"解铃还须系铃人"。只有追溯到心理创伤的根源，面对并且解决它，从前压抑的愤怒才能真正得到释放，然后改变畸形的关系模式。

第七章

在亲密关系中成长

> **相爱多年，我们还有激情**

保持热恋的状态

关键词 ｜ 切换角色，形象管理，新鲜感

最近跟一个结婚多年的朋友阿华聊天。她笑着跟我说："刚结婚那会儿，每次开车出去，我老公都过来帮我拉车门，用手撑住门框怕我撞到头，感觉特别甜。"然后她叹了一口气："哎呀现在嘛，我对他来说就是保姆吧，伺候一家人吃喝拉撒，哪里还会像以前那么殷勤呢。"

好像的确是这样。很多男生在恋爱或者新婚时，情感浓度特别高：总想见到自己喜欢的人，用言语和行为来表达内心喷涌的爱意。但是当关系进入稳定期，双方过渡到"老夫老妻"的状态，这种激情似乎完全消失了。那个从前给你削苹果、冒雨出去买药的男人，现在连多看你一眼、给你倒水的动力都没有。

当爱情慢慢向责任转变，要如何跟对象保持当年热恋的状态呢？

1. 抛开老夫老妻的心态，偶尔切换到小情侣的恋爱模式。

经常听到这样的话："整啥浪漫，踏实过好日子就行。"或者：

"别那么肉麻好不好,我听着都起鸡皮疙瘩。"这其实是在打击对方想要亲热的意愿。当我们用现实的针来戳破浪漫的情调,那对象会产生很强的失落感,兴致也一下子消失了。

男生要好好呵护另一半的"少女心"。当她偶尔一天想从"女强人"或"家庭妇女"的角色中跳出来,撒娇地说:"亲爱的,我们过二人世界好不好?"也请不要打破她的幻想,嫌弃地说:"都一把年纪了,还装啥嫩呢!"就邀请她出去吃一顿平时嫌贵的烛光晚餐,给她买一只鲜艳的口红,带她到情侣酒店度过疯狂美妙的一晚。双方都珍惜这个宝贵的、退回到热恋状态的机会,给感情继续燃烧的材料。如果不能保持浪漫和幻想,生活也会乏味得可怕。这也是失去激情的夫妻,遭遇"七年之痒",中年离异的重要原因。

2. 做好形象管理,避免过度放飞自我。

刚才说到的朋友阿华,也讲过老公的一个细节:结婚之前,他还能够去跑跑步、健健身,偶尔涂一些护肤品,保持比较精神的状态。结婚之后,就感觉套牢了老婆,自己不需要再去注重形象了,放任自己变成现在刻板印象中"中年油腻男"的样子。阿华说:"有时候也想跟他好好亲热一下,但是看他现在这个不修边幅的样子,感觉还是算了。"

当然,很多男生受现实的制约:工作很忙,没太多时间打扮自己;担心另一半起疑心,不愿增添误会;每天应酬多,回到家已经很晚很累,没空去健身。但如果想恢复热恋般的感觉,会不会形象管理也很重要呢?把体重从肥胖瘦回正常状态,认真打理头发、皮肤和衣服,其实就是在传递一种信号:"我在展现最好的自己,吸引你的注意。"当另一半看到我们仍然重视她,把她当成恋人一样追求,那亲密关系也会迅速升温。

3. 花时间跟恋人共处。即便物理空间上无法在一起,也要有共同参与的活动。

很多异地恋/异国恋/军婚的伴侣,感情维持得很艰难。有些异地恋的情侣会感慨:"太久没见面,都不知道跟他说些什么,感觉气氛很尴尬。"被主动放弃的一方又会觉得:"他变得好冷漠,我不知道这段感情是否还有维持的必要。"能聊的话题越来越少,也成为感情破裂的重要原因。

要保持热恋般的感觉,创造共同话题或者活动很重要。平时能够生活在一起的情侣,尽量不要一回家就各忙各的,忽视跟另一半的互动。要尽量找一些两个人一起完成的事,并且有信息、情感上的交流。比如:你做饭,我来打下手;讨论大家都在追的电视剧/综艺;睡前分享有趣或难过的事,大家互相扶持、安慰。

异地的恋人,也要定期安排现实中的见面,平时多视频和语音沟通,尽快找到团聚的办法。当两个人有共同的生活事件,并且双方能良好地沟通,那情感联系就能保持住,不容易因为时间的推移变得淡薄,或者被和其他人的联系所取代。

4. 给生活制造变化，让恋人产生新鲜感。

即便生活再幸福，如果都是一成不变的状态，过得久了也会厌倦。这是人的认知特点：当一个刺激反复出现，我们会出现疲劳感，大脑神经的反应性也会降低。所以要保持当年的兴奋感，就得让生活有所变化。比如晚上给对方带回一束花，变换亲热的地点和方式，带她去向往很久的地方旅行。当日子不是大同小异的循环，而是有令人期待的变化，那我们的亲密关系也不会因为疲劳感而降温。

> **分隔两地的情侣**

异地恋，这样提供有效的关心

关键词 ｜ 交流频率，共同经历，包容理解

异地恋是一件很煎熬的事情。有些情侣会说："原先每天见面，大家相处很和谐。后来分别在两个城市，就开始经常吵架了。"

或许是聚少离多，缺乏陪伴彼此的时间，女生越来越缺乏安全感，总担心两个人没有未来，才会为了鸡毛蒜皮的小事生气，通过作的方式向男生寻求安慰。如果亲爱的她因为异地问题而情感枯竭，像一尾快要渴死的鱼，我们该如何提供有效的关心，帮助她重新恢复元气呢？

1. 每天视频通话两到三次，倾听并回应对方的感受，保持密切的情感联系。

如果双方作息时间差不多，我们可以每天早起15分钟，把早上赖床刷手机的时间用来和对象视频，互道早安，鼓励自家的"小懒猪"赶紧起床上班；睡前也和对方聊一聊，分享工作中有趣或郁闷的事，让恋人心情愉快地结束这一天。

再如何独立和懂事，异地的恋人总会感受到很多孤独。她会希望我们陪在身边，跟她分享喜怒哀乐，而不是做什么都一个人。所以不管再忙再累，我们也要抽出时间和另一半视频或者语音，询问对方的状态，让她感受到我们的支持和爱。这样一来，异地恋的寂寞也会消减很多。

2. 尽量和恋人保持同步，一起参与某个线上活动，增加双方的共同经历。

如果另一半爱逛淘宝，我们不妨趁休息的时候问问对方："媳妇，你购物车里有没有添了啥好东西，我来帮你参考参考？"要是恋人平时喜欢看电视剧，我们也可以跟对方同时追剧，通过语音的方式讨论其中的槽点和泪点。

很多时候，异地的情侣会抱怨对方在感情上花的时间太少，自己不受重视。所以为了避免这类冲突，我们可以更多地和恋人做同一件事，把休闲娱乐和陪伴对象结合起来，学会从恋人喜欢的活动中获得乐趣。或者引导对方参与到自己的爱好中来，避免因为相处时间少引发恋人的不满。

3. 遇到矛盾冲突时，要学会克制自己的情绪，更多地包容和理解对方。

可能恋人说出过激的话，让我们气得想立刻怼回去。当大脑被冲动的情绪所控制，我们可以先说明要冷静一下，然后赶紧放下手机，把怒火通过捶打沙袋、吼两嗓子，或者出去跑几圈的方式发泄出来，等恢复理智后再和恋人交流。当另一半发现，我们愿意牺牲情绪去照顾她、体谅她因为异地恋而产生的不满，她就会真切地感受到："我是被爱和接纳的。"这样一来，冲突也变成彼此了解、推进感情的契机。

4. 经常说甜言蜜语，重复自己对她的承诺，把她纳入未来计划。

每当恋人表现出不安，我们就可以说一些甜蜜和安慰的话，让对方知道她在我们心中的重要性。比如："为了媳妇，我再苦再累也值得。"或者时不时一起规划未来，跟恋人说："再熬两年，我就调动工作到你那边，以后再也不分开了。"在合适的时候也把她介绍给自己的家人，在朋友圈公布恋人的存在。

很多人觉得："承诺说过就可以了，不用一直重复。"但因为多数时间一个人独处，异地恋的情侣很容易消极悲观，担心"他会不会不喜欢我了"。就算对象说过很多情话，给了一生一世的承诺，距离和时间还是会让人变得越来越不坚定。因此要告诉自己："有些话，要一遍遍地说，才能够让对方心安。"同时对未来做一个规划，让恋人看到这段感情的希望，她才更能体会到我们的心意。

5. 增加线下的交流和接触，做"看得到的恋人"。

如果双方的距离比较近，可以趁周末或者小节假日到对象所在的城市，好好地陪他吃一顿烛光晚餐，看一场电影，避免因为异地太久而变得陌生和疏远。恋人喜欢旅行的话，可以挑选一个他想去的景点，好好地规划行程，让感情在旅行中升温。实在相隔很远，可以邮寄零食和衣服，安排快递送鲜花和礼物给对方，用实物稍稍弥补不能见面的遗憾。同时合理地安排休假，给双方更多见面和温存的机会。

不管网络上的交流多么生动，它始终无法取代真正见到恋人、拥抱对方所带来真实感和满足感。如果太长时间没有实际的接触，再善解人意的情侣也会忍不住怀疑："我真的有一个男 / 女朋友吗，或者说他只是一个手机宠物？"无论如何往积极的方面想，也忍不住淡淡的失落感。只有做一个"看得见的恋人"，和另一半有面对面的接触，异地所带来的不满和虚幻感才会有所缓解。

> ## 我不敢把自己交给他

走出爱无能的状态

关键词 | 相处节奏，心理冲突，习得性无助

✉ **安静飘过的蒋同学：**

我最近心很累。跟男朋友谈了3个月，才发觉自己没有爱的能力。每当他靠近一点，我就觉得很想要逃跑。比如上次去吃烛光晚餐，完了之后看爱情电影。我能感觉到他有意靠近，像是牵住我的手，然后男女主角接吻时凑过来。但我完全没有感觉，反而觉得很尴尬，想要拒绝又怕扫了他的兴。

在其他方面也是这样。上次他说带我去朋友聚会，跟他的一帮兄弟姐妹见面，还说这群人是从小就认识的，不用太紧张。我反而更焦虑了，这不是有些见亲戚的意思吗！我找各种借口拒绝，这让他特别生气，结果我们大吵了一架。我还是很喜欢男朋友的，但是真的做情侣该做的事，又觉得抵触和想要逃避。你说该怎么整呢？

覃宇辉：

蒋同学你好。感受到对方的心意，却没办法给他同样热烈的回应，这种状态会带来深深的无力感，甚至会让人觉得，"我是不是没有去爱人的能力"，陷入自我怀疑和否定的泥潭。要去解决爱无能的问题，我给你三个调整建议：

一是探索适合自己的节奏，让爱情慢慢升温。你们之所以会出现很多摩擦，是因为双方没有调到同一频道上。他可能预估你是普通女孩子，虽然羞涩但也做好了身体亲热的准备。没想到我们内在比较虚弱，无法承受如此高的情感浓度。就像突然把手伸进100℃的热水，结果就是烫伤了立刻缩回来。要是对方不知道爱无能的问题，可能觉得这是在冷淡甚至不爱他，那就会很挫败了。如果跟恋人聊过这个情况，大家磨合出更好的相处节奏，那即便是慢热的你，内在激情也会逐渐被点燃。

那具体要如何去摸索合适的路呢？很重要的一点，是将自己能接受，以及不能接受的点给列出来，跟恋人好好去交流。比如，你觉得牵小手、偶尔搂一下在舒适区内，但亲吻和动手动脚令人排斥，那就把白名单和黑名单都交给对方，这样他平时可以克制越界行为，避免让你产生不安全感。

当信任累积到某种程度时，或许我们就有了踏出第一步，尝试跟他亲密接触的勇气。当然，总是让对象来迁就自己的话，他可能也会产生不满的情绪。所以要给对方一些鼓励：当他进行调整来适应我们时，不妨请他去吃饭、看电影，或者给他一个长长的拥抱和亲吻。这样恋人也会心满意足——虽然等待很辛苦，但也是值得的。

二是学会接受现实的差距，不要心急，脚踏实地地向理想目标靠近。对于爱无能的人来说，他们的焦虑感不仅来源于问题本身，还有被抛弃的恐惧。总觉得其他人的恋爱状态特别正常，没有出现严重的抗拒、回避、恐慌情绪，没有和自己一样受爱无能的影响。因此他们把自己认定为异常情况，想要尽快摆脱以跟上大家的步伐。或者和蒋同学相似，因为内在的无力感无法达到恋人预期，担心对方讨厌甚至放弃这样的我们。为了维持在他心中的好形象，可能想立刻走出爱无能的困境，但越是心急，越容易看到现实和理想的落差。挫败感和心理矛盾增加，反而被更强的虚弱感包围。

或许更好的方法，是放下立刻解决问题的幻想，看清自身位置，慢慢从"此岸"向"彼岸"进发。要意识到，自己现在处于爱无能的状态，想达到正常去喜欢别人的目标。这个过程不可能一蹴而就。十几二十年来的问题，短短几天内解决并不现实。因此要根据客观情况，给自己更多调整状态的时间，逐渐由无力向强大转化。可以切割出一个个子目标，而且把难度设置在可达到的范围。比如，跟对方牵手感到不舒服时，再坚持两分钟。这样能有效减少焦虑和挫败感,更有信心去实现最终目标——改变爱无能的状态。

三是打破习得性无助的囚笼,重新获得"我可以"的信念感。或许你听说过这故事:把鳄鱼放进玻璃箱里,用挡板把出口封住。刚开始鳄鱼拼命挣扎,即便头破血流也不放弃。但当它彻底绝望了,你再拿开挡板,鳄鱼也不会试图逃跑。我们在亲密关系中也是如此。或许你从前被父母虐待,遭遇男朋友劈腿,觉得再也没有勇气去爱,去相信任何人。其实这是我们画地为牢,让自己停留在无能的状态里,这样就不用再一次经历感情失败,还有它所带来的绝望和痛苦。

但我想告诉你:力量一直封存在你的身体里。想要获得它,我们需要慢慢区分过去和现在:从前我是脆弱、没有还手之力的小孩,但现在,我已经长成有自保之力的大人,即便结果是心碎,也不会真正崩溃。当你鼓起勇气,走到挡板边缘把脚伸出去,就会发现:"原来我能够走出来,放下恐惧感,再次去相信和爱一个人。"当你打破习得性无助的枷锁,信心和控制感也会重新恢复,逐渐摆脱爱无能的阴影。

抗拒亲热的他

如果恋人害怕身体接触

> 关键词 | 正反馈，控制感，共情

最近朋友 Z 跟我聊他的感情问题："唉，我对象真的太奇怪了。"我问他怎么个奇怪法。他开启"吐槽模式"：平时一起出去逛街，想要拉拉她的小手，女朋友都明显很排斥；吃烛光晚餐，气氛特别好，想要跟对方亲热一下，她却说不要动手动脚；更不用说亲密接触，探索彼此的身体了。Z 开玩笑地说："如果真的想更近一步，估计马上就得分。"

Z 的情况其实不是个例。恋人抗拒亲密接触，这是很多情侣会遇到的苦恼。可能是父母从小管束很严格，对方有思想负担；可能是感觉发生关系会有可怕的后果，内心充满恐惧感；还可能是早年有过创伤经历，跟性有关的场景会唤起痛苦的回忆……

如果我们和 Z 一样，正好遇到害怕亲密接触的恋人，要怎样帮助对方化解心结呢？以下举女生和回避型男朋友的例子。

1. 鼓励对象每一个积极的改变，增加他推进关系的信心。

当喜欢回避的他主动打电话过来，约出去吃烛光晚餐，我们可以结合具体事情好好夸奖他:"亲爱的,这家店的味道好棒!今天晚上超级开心,谢谢你带我来。"在改变初期,鼓励的频率可以高一点。不管是他来接下班,还是带我们出去玩,都可以真诚地、明确地肯定他的努力。当另一半预期,付出会得到正反馈,也会更有信心推进感情发展。

2. 约定停止的信号,让他掌握亲密关系的进度。

要是恋人恐惧更深入的探索,我们可以和他商量"休战信号",给对方随时叫停的权力,增强他在亲密行为中的控制感。比如告诉另一半:"亲爱的,如果你感觉不舒服,想停下来,就轻轻地掐我,咱们就不继续了好不好?"我们真的做到承诺,他说停下就不勉强,那对方的心理负担会大大减轻。他会逐渐感觉自己能掌控局面,不再因为害怕失控而抗拒身体的探索。

3. 学会共情,接纳恋人的恐惧感,不去责怪和强迫他。

我们需要站在对方的角度上考虑问题,设身处地理解他心中的恐惧感。要是跟恋人有同样的遭遇,自己或许能体会,这种害怕不是针对我们,而是源于自卑,或者过去失败的感情经历。理解他深层次的心理状态,我们可以把这种感受传递给对方:"亲爱的,我知道你过去伤得很深,不敢再轻易相信一个人。没关系的,你慢慢来,我会一直陪着你。"恋人真切地感受到,我们不会责怪和强迫他,他的不安是被尊重和接纳的,那么他对亲密关系的恐惧会缓解很多。

4. 学会示弱，给恋人照顾我们的机会，让他体验被需要的感觉。

对象总认为自己不重要，有一天我们会厌倦，那不妨创造机会让他明白自身价值。如果平时都是我们在照顾恋人，可以偶尔给他表现的机会。心情很低落，让恋人来安慰自己；想吃对方的拿手菜，拜托他给自己做；对于衣服搭配、数码产品不了解，请恋人给自己参谋参谋。当越来越被依赖和需要，成为我们生活中不可或缺的一部分，他甚至会觉得："没有我，你这头小笨猪的生活肯定一团糟。"内心不再有被抛弃的恐惧。

5. 给对方更多承诺，将他纳入自己未来的规划。

可能恋人总担心被抛弃，付出真心又得不到回应。在他表达内心的恐惧时，我们需要做一些承诺来安抚对方的情绪："宝宝，你在我心中是最合适的结婚对象。我想永远和你在一起，怎么舍得抛弃你呢？"拉住恋人的手，看着他的眼睛，很真诚地说出在一起的承诺，能帮助他有效提升安全感。

甜言蜜语，配合实际的行动，会让对方更安心。如果他总害怕不被在乎，我们可以换情侣头像，在朋友圈公开恋情，然后带他见自己的朋友和家人。更实际一些的，跟他聊聊我们的规划，比如买房、结婚、生小孩，让自己的未来总有他的存在。如果对象发现，我们是认真和他在一起，也就不那么害怕爱情的小船说翻就翻。

6. 包容恋人的作和无理取闹，改变他对感情悲观的预期。

另一半的恐惧以作的形式表现出来，我们被折腾得难以忍受时，可以换一种角度去看待："现在是黎明前最黑暗的时刻。撑过去，我能慢慢获得他的信任。"不管对方怎么闹，我们都克制自己的情绪，保持包容的态度，坚决不用伤害性的方式对待他。如果心情被严重影响，自己可以找朋友倾诉，或者用运动流汗的方式来排解负面情绪。无论恋人如何试探，我们对他都是爱和宽容的态度，那他会开始相信：这段感情是安全的，我可以和对方发展更深入的情感联系。

恐惧亲密关系的伴侣，有时候就像一尾鱼。你越心急要靠近对方，他反而越容易因为害怕而游走。可能更好的方式，还是当一座安稳的大山：不急不躁，给他温暖坚定的支持，陪伴他一点点克服内心的恐惧感。这种不带压迫感的爱，反而会给另一半安全感，让他更有勇气探索亲密关系中的灵肉结合。

> 焐热冷了的心

挽回深深受伤的恋人

关键词 ｜ 克制，共情，表达诚意

往往等快要失去一个人，我们才知道他的可贵，用尽全力去挽留。但可惜的是，作出分手这个决定时，恋人可能早已伤透了心。所以当他转身离开，才会走得那么坚决，让我们看不到一丝和好的希望。

朋友小李跟我哭诉过："我已经知道错了，保证会改好，再也不惹他生气。为什么他不肯再试一试呢？"她眼泪流得很厉害："我真的还很喜欢他，不想分手，但他说我们已经不可能了……"

为什么曾经那么相爱的两个人，会再也回不到从前呢？

因为恋人采取"要么忍，要么分"的策略，对感情缺乏整合的态度。有些人在亲密关系中是这样：爱的模式下，我给你百分之百的包容。就算你要小性子、无理取闹，我也会去哄、去道歉；如果被伤透了心，切换到失望模式，他们就像变了一个人。以前积压的愤怒都爆发出来，只看到你的种种不好，完全找不到当初心动的感觉。

恋人不给机会，是在用最决绝的方式报复我们，发泄心中的负面情绪。不管冷嘲热讽还是打骂，其实都不是最糟糕的情况。因为恋人还愿意和我们保持情感联系，即便表达的方式非常负面。最坏的状态，可能是对方彻底地忽视你，头也不回地走开。因为在这种情况下，亲密关系已经消亡了。他彻底从二人世界中撤出来，和我们不再有一丝联系。这种切断，才是最大的报复。因为前一种情况是在伤害感情，而后者是想要了它的命。站在恋人的角度上，也能感受到他被伤害后心中的恨。

另一半说不再可能了，也是信任被一次次辜负，不想再给我们机会。许多女孩子收到恋人的抱怨，却刻意地逃避。她们抱有"这个问题不大"的幻想，直到对方提出分手才意识到严重性，匆匆忙忙地保证悔改，想要挽留对方。实际上，如果恋人提出的建议没有被及时处理，负面情绪从量变发展到质变，在他的心中，我们真的会被打上"顽固""不知悔改"的标签。即便做了千万次保证，对方也会觉得我们是为了挽回而挽回，不是真心地悔改，所有眼泪和补偿都不会被信任的。

那我们能够做什么，去挽回伤透了心的恋人呢？

首先，克制纠缠对方、一直求复合的冲动，避免关系进一步恶化。当对象提分手，我们下意识的反应，往往是去哀求："我真的知道错了，我们回到从前那样好不好？"但现实和直觉相悖：他说要分开，纠缠反而是压垮骆驼的最后一根稻草，让他下定离开的决心。换位思考一下，如果我们想分手，他又过来哀求，可能自己原本糟糕的心情会更加烦躁，想要尽快甩掉这个麻烦。所以更好的办法，是在对方说需要考虑是否继续时，每天或者每几天联系一次。他没及时回，也要避免电话轰炸，消耗他所剩不多的耐心。

  站在恋人的角度上思考，共情他的感受。如果一味地挽留，说有多么爱、多么需要，可能对方会感觉我们不是真的体谅他，而是害怕失去可以依赖的恋人，为过强的目的性而心生不满。请暂时抛开自己的需要，设身处地感受他的心情："亲爱的，我能够理解你的心情。我总是逃避问题不去解决，你一定很痛苦、很失望吧。我真的非常非常抱歉。"当恋人感觉我们真的懂他，愤怒情绪也会缓解很多。

  积极沟通，调整做得不好的地方，用行动让他看到诚意。可以对恋人说："亲爱的，我知道你受了很大委屈。你有什么不满都说出来，我想和你一起分担。"引导他发泄负面情绪。在他抱怨的同时，要记下他不满的点，并在之后的日子里做出调整。要是他总说我们太自我，不会体贴人，那么平时抓住机会，表达对他的关心。比如天气冷了，点个热汤给他送过去；亲手织一双手套或一条围巾，在气温下降时嘱咐他注意保暖。让他感受到我们不仅嘴上说说，也会行动，那对方会多一点继续下去的信心。

  最后，接受现状，学会重新开始而不是重归于好。男友可能拒绝复合，因为爱情有瑕疵而放弃。我们可以告诉他："亲爱的，我知道我不是你期待中完美的她。但是，又有谁是无瑕疵的呢？我们都不完美，所以带着缺点再去磨合一下好吗？"引导恋人放下对完美爱情的执念，接受我们有优点也会犯错的现实，挽回成功的概率将有所提高。

> 懂得他的好已经太迟

在相恋时好好珍惜

关键词 | 安全感，防御机制，阈限

你是否有过这样的经历：明明感觉不爱了，这个人没有值得留恋的地方，但是真的和他分手，说"以后不要再见面了"，那种痛彻心扉的感觉才浮现心头。刚开始你以为只是分手的常态，过一阵子就会好，但直到很多天以后，还在怀念跟他相处的点点滴滴，才意识到自己有多不舍。

就像我的朋友J，她总嫌弃自己的男朋友太木讷，精打细算，没有别人家的男朋友浪漫和大方。有一天她终于受不了这家伙，把他给作走了，她的生活却突然变得很落寞：再也没人早起为她买早餐；难过时没有一个厚实的肩膀来依靠。她记起了前任所有的好，跑回去缠着他复合，但对方已经心灰意冷，不想跟她继续了。

为什么总是在失去后，我们才知道要好好珍惜呢？

很重要的原因，是恋人的包容给我们安全感。我们认定，不管怎么作，他都不会轻易地离开，反而忘记了这份感情有多珍贵。有句歌词说:"被偏爱的都有恃无恐。"在亲密关系里,很多人就像被宠坏的孩子:习惯了被放在心尖上疼惜,觉得对象悉心的照顾是应该的,甚至把他当成情绪回收站,总借机发泄自己的不满和愤怒。

实际上我们忘记了:人的忍耐是有限度的。当我们刷完甚至透支账户上的额度,对方可能就会彻底失望地离开。如果把另一半的付出看成理所当然,觉得可以在他面前肆无忌惮,那我们会为自己的任性付出代价——恋人再也无法忍受伤害,决绝地提出分手,让我们在后悔中深深想念他的好。

分手后才懂得珍惜,也是害怕跟另一半变得更亲密。在感情升华时,很多人会有恐惧感。在潜意识层面,她们感觉很焦虑:"如果我们再这样发展,很快就要进入到下一个阶段。开始考虑见家长、结婚、买房,还有共同的未来等。"如果没有做好准备,我们或许想要逃避"压力山大"的责任。想达到这个目的,可能需要压抑对另一半的爱意,甚至故意表现得很冷淡,让他熊熊燃烧的爱火逐渐熄灭掉。这是心理学上讲的抵消——因为恋人太过热情而不安。为了减少自己的焦虑,就用各种办法伤害他,让对方把情感浓度降低到较低的水平。而等到恋人完全从二人世界中撤出,强烈的依恋才真正苏醒。

感知幸福的阈限提高,分手后才明白对方付出了很多。阈限即临界点,是引发反应所需的最低刺激强度。如果我们一直获得过量刺激,那产生反应所需的强度会提升。而长期没有刺激呈现,整个人就变得更敏感。在恋爱中,对象提供了大量的爱与关心,提高了我们感受快乐的临界点。此后,虽然他还是付出相同的爱,但因为我们逐渐适应和习惯,所以感觉那也没什么了不起的。而在跟他分开以后,没人再给我们这样无微不至的照顾。回忆起从前的种种,才明白被他宠爱着有多幸福。

那要如何学会珍惜另一半,不再是失去后才追悔莫及呢?

我们需要建立情感账户,在收入和支出间找到平衡,避免把账户上的余额消耗干净。每个人的容忍都是有限度的。当你仗着宠爱为所欲为,其实也在隐蔽地付出代价——从情感账户上大量提款,消磨他对你的爱和包容。当余额彻底用尽时,这段感情也就走到了尽头。所以要监控和及时调整情感账户的支取和储存。平常不要做触犯他底线的事,同时要记得刷恋人的好感度——主动嘘寒问暖,给他烧爱吃的菜,在他情绪低落时做倾听和陪伴者。让恋人感觉被关心和理解,增加账户上的余额。注意保持收支平衡,这样亲密关系才能平稳地维系。

放下抵消的防御机制,用更合适的办法缓解恐惧感。当恋情推进得太快,你感觉没有准备好时,并不一定要狠狠地伤害他,通过这种方式把对象推开。不妨用语言来沟通,让他给我们多些时间。比如说:"亲爱的,你对我那么好,我真的受宠若惊。只是我无法立刻消化那么强烈的爱。你能不能先往回收一点,等我适应了再继续？"平和委婉地表达自身需要。当我们能和恋人顺畅交流，把情感浓度协商降低到合适的范围，就不会因为恐惧感而破坏关系，错失一段本来很美好的爱情。

也要告诉恋人"别对我们太好"，避免我们对幸福的感受性降低。可以把"过犹不及"的观念灌输给他："如果你对我不好，我们会因为冷淡而渐行渐远；如果你对我太好，我会变得骄纵，不懂珍惜。只有维持在刚刚好的程度，亲密关系才能健康地发展。"学会克制地付出和获得爱，甚至时常跳出自身视角，以局外人的眼光看待这段关系。假设此刻你灵魂出窍，站在一旁审视自己和自己的男朋友。然后客观地评价："这个男生对女朋友怎么样，你给他打几分？"代入旁观者视角，或许我们更能感受到恋人的可贵。

> ## 我还是想找前任复合

分手后如何走出来

关键词 | 触景伤情，丧失感，退行

✉ **钱小颖：**

这个点了我还睡不着。因为对未来的规划不同，前任前两周刚跟我分手。但真的很难忘掉他啊。我们有那么多美好的过去：在操场上走了一圈又一圈，看星星，然后聊彼此的想法；天气好的话绕着城市踩脚踏车，累了找个风景优美的地方，吃他准备好的便餐；周末他也经常到我家，发现我穿的、用的很简单，帮我添置衣服和护肤品，说我那么漂亮，要打扮得美美的才行。看到这些东西，就突然疯狂地想念他。

好像越说越觉得前任很好，我不应该为结婚的事逼他，要求他马上给我一个答复。实际上前几天我也去找过他，说我没那么急，希望能跟他回到从前的关系。但他态度很冷淡，说给不了我想要的幸福，两个人不会再复合。我真的很难过、很痛苦，没有他不知道这日子该怎么过，控制不住地想去找他。您能帮帮我吗？

| 第七章 | 在亲密关系中成长

✉️ 覃宇辉：

如果生活中有恋人的太多痕迹，以及跟他的共同回忆，我们很容易触景伤情，不断被提醒回不去的曾经。有些人虽然分手了，但对方的影子仍然在身边。架子上挂着生日时他送的衣服，抽屉里是情人节他给买的口红和围巾，它们总会在不经意间戳中我们的点，让我们开始怀念他的好。连某些地点也被打上了他的印记，每次去都想到对方，重复体验失去他的心痛。可能小颖你和朋友出去玩，会回忆起跟前任轧过的马路，一下子变得很失落。分手后放不下，或许是没有把前任的痕迹清理干净，对他的想念不时被强化。

复合被当成止疼药，用来缓解失去恋人后的痛。另一半的离开，像是在我们心上狠狠开了一枪，带来的打击是巨大的。你可能会想："我们曾经那么要好，他怎么舍得就这样抛下我，一个人走掉？"无法接受失去对方的现实，就无法消化关系破裂带来的负面情绪。有些人会转而不断责怪自己，觉得都是自己的错，恋人才会选择离开。为了不被丧失感和自我否定击垮，我们可能会抓住最近的救命稻草——另一半。只要跟他复合，就能填补内心的空洞，缓解"不值得被爱"的自卑感。

分开后还放不下恋人，也是因为退回孩子的状态，对他有太多的眷恋和依赖。还单身的时候，我们或许是独立、自强的，有什么事都自己扛。但跟他在一起后,他的包容和宠爱就像小太阳,一点点把我们心里的防备融化掉,我们开始觉得不用强撑,能够放心地去信赖对方。但这种不设防的状态也是危险的。当我们习惯了他的保护,遇到再大的困难也有他扛,就很难再一个人面对风雨,甚至完全失去自我满足能力,像藤蔓那样依附恋人,感觉没有他就无法支撑。情感不独立,自己也会很难真正走出无助感。

那该如何处理分手的伤痛,放下对他的想念走出来呢?

清理跟他有关的事物,避免"潘多拉的魔盒"又被打开。分手以后,我们很容易触景伤情,难以控制地想到他。要降低这个风险,需要把他的衣物、生活用品打包好,用快递寄回去给对方。和他的共同记忆:照片、情侣头像和社交软件,该删的删、该换的换,防止看到这些又开始难过。当我们把他的痕迹从生活中抹去,并且在脑海里点击"删除"按钮,情绪也不容易再被对方牵动。要是实在狠不下心,也可以先把这些东西打包好,放到不常用的柜子里,否则很可能再次打开思念的匣子,把痛苦放出来。

寻找更多缓解痛苦的渠道,及时转移注意力。我们需要意识到:对于大部分男生来说,都是能忍则忍,只有感情耗尽才会选择离开。所以他们铁了心分手,往往没有太多挽回的余地。跟他复合看似是问题的最优解,但实现的希望并不大。在这种情况下，我们要跳出牛角尖，尝试更多调整情绪的方法。给大家介绍三个调整方法。到健身房运动，用汗液把痛苦代谢掉。将负面情绪限制在特定的时间和区域，比如可以哭，但是要到客厅的沙发上宣泄，而且只能持续三小时；出了客厅，我们就要回归正常的生活。将皮筋绑在手腕上，要是控制不住地想他，就用皮筋弹一下自己，重新聚焦到现实中。

从无力的状态中走出来，变得更加独立和自信。可能你觉得："没有他，我不知道该怎么一个人生活……"好像退回到幼儿期，完全依赖他人的呵护。记得提醒自己："你已经是成年人，离开他照样可以过得很好。"逐渐走出无助感，重新建立一个人往前走的信心。如果被恐惧感包围，就经常做积极暗示："我足够强大，不是毫无招架之力的小孩。"同时将重心转移到对事业和人脉的打理上。当我们的付出得到领导、同事的肯定，也会产生成就感，逐渐恢复对自己的信心。

第八章

婚姻的女性挑战

好好恋爱

> " 年纪渐长，该不该尽快找个人嫁了 "

恋爱的步调

关键词 | 不甘心，迷茫，紧迫感

✉ 小周：

覃老师您好。我有一个问题想请教您：到了年纪，该不该尽快找个人嫁了？我研究生毕业后回到老家，在一个三线城市当公务员。虽然工作没有太多上升空间，但还算稳定。这几年，我的父母以及亲朋好友都在催我赶紧找对象、结婚，不要再拖延了。

其实我并不是不想谈恋爱，但我遇到了许多人都会面对的困境：我喜欢的人不喜欢我，追求我的我又看不上。高不成低不就的，让人很无奈。我在想，我是否应该再等等，看看有没有各方面都匹配、我也中意的人出现。还是说，到了这个年纪，就该尽快找个人嫁了？毕竟，我也知道，年纪越大越难找对象。谢谢。

✉ 覃宇辉：

在"到了年纪，该不该尽快找个人嫁了"这个问题背后，我

第八章 婚姻的女性挑战

看到了三个情绪困境：

首先是不甘心的感觉。人生中的某个阶段，我们每个人或多或少都会期待一个理想的伴侣——门当户对，兴趣相投，可以一起展望"百年好合"的婚后生活。这种期待在心理学上称为"理想化"。理想化的背后，是希望自己被拯救——渴望有一个人能给予我们力量、安全感、指导和保护，从而让我们摆脱平凡、乏味和无助的生活。

因此，当理想的伴侣迟迟未出现时，我们的不甘心会越发强烈。因为期待的泡沫破灭，我们不得不面对一个现实：我们可能永远遇不到"量身定做"的理想伴侣，也没有人能拯救我们于水火之中，带我们脱离沉重的生活。外形、家境、工作、性格还有匹配度，能满足其中三项甚至两项的，已经算是不错的选择了，连一项都无法让人满意的情况也不少见。面对如此巨大的理想幻灭，一些人选择不找对象或者非常不甘心地等待"对的人"，也就不足为奇了。

其次是迷茫感。这位女读者的生活轨迹似乎是顺势而为，按部就班地推进自己的人生——考研、考公、考虑结婚生子。当形势有利时，顺势而行便能取得不错的结果；但当形势不利时，就会面临一个灵魂拷问："我到底要过怎样的人生？要满足什么条件，我要付出哪些代价？"

如果找对象的目标是灵魂伴侣或者真正喜欢的人，那么就要做好打硬仗的准备：努力拓展社交圈和兴趣圈，增加找到对的人的概率；接受付出大量努力却可能落空的结果；接受在灵魂和情感层面契合但在某些方面严重不匹配的可能性；应对错过黄金择偶期、遇不到合适人选，同时遭遇亲戚和社会舆论不理解和施压的风险。

当我们明确自己想要的生活，清楚地知道最想要的是什么，了解实现这一目标所需的条件、手中的筹码以及愿意承担的代价后，"该不该尽快找个人嫁了"这个问题便有了清晰的答案。事实上，结婚与否的纠结只是表象，核心在于我们要搞清楚自己想过怎样的人生。诚实地面对自己的渴望，明确人生的战略目标。

最后是强烈的紧迫感。正如这位女读者所意识到的，在家乡的择偶环境中，随着年龄的增长，择偶的优势和主动权客观上在降低。择偶的年龄红利逐渐消失，就像一场重要考试中越来越近的敲钟时间，让人不禁产生危机感："会不会铃响的时候我还没答完题？是不是我要交白卷了？"这种失去一切、再也找不到对的人的恐惧，如同幽灵般不断袭击我们的内心，让人感到惴惴不安。

那么，这个问题有什么"解题思路"呢？

针对不甘心的感觉，把期待放回自己身上非常重要。如果我们将拯救自己、让生活变好的期待寄托在亲密关系上，就会在伴侣身上寻找强大、有力量的"好爸爸"或"好妈妈"形象，无形中拉高对另一半的期待值和要求。当对方无法满足时，失落和不甘心的感觉便会格外强烈。

因此，关键在于不将期待放在"我的爱人是个盖世英雄，有一天会踩着七彩祥云来娶我"这个幻想上。如果我们的生活遇到坎坷，需要解决问题，那么应以自己为主体去克服，并寻求外界资源的帮助，建立起依靠自己也能成功的信念感。当我们对自己更有信心，可以通过自身的力量获得想要的生活，理想化和依赖对方的高期望也会减少很多。

其次，要搞清楚自己的人生战略目标，明确最想要的生活模样。例如，可以问自己："如果缺少了什么样的体验，我绝对无法忍受，人生会有永远的遗憾？"是没有找到和自己匹配的灵魂伴侣，还是缺少结婚生子、柴米油盐的生活体验？或者是没有按照自己的想法生活，将就一辈子才是最大的遗憾？

还可以问自己："我想要的这种生活，我能实现的概率有多大？""失败的代价，比如错过黄金择偶期、找合适对象越来越困难，遭遇父母和社会舆论的压力和不理解，这些是我能够并且愿意承受的吗？"通过不断地自我拷问，逐渐清晰和坚定未来的追求、手中的筹码和愿意付出的代价，问题的答案也会越来越明了。

最后，针对紧迫感，也需要回到人生战略目标这个点上。或许你渴望找到理想伴侣，并愿意花时间去寻找和匹配，但当代价过大——错过黄金择偶期、越来越被动时，内心也会产生强烈的怀疑和动摇感。

因此，我们可以为自己设置一个"退出机制"——当过了设定的时间点，例如花了一两年的时间，仍然没有找到理想伴侣，那就可以放弃追求理想伴侣，在目前的择偶范围内选择一个最匹配的人。这样可以防止错过黄金择偶期，避免未来找对象时变得更加被动。

> **不够甜的爱情，还值得继续吗**

当期待不明确

关键词 | 核心情绪价值，鼓励，情感需求

✉ Lisa：

宇辉老师好。有一个问题困扰我挺久了，那就是：不够甜的爱情，还该不该继续？我跟男朋友谈了两年，各方面相处都还不错，最近也开始商量结婚的事。但他有个缺点让我耿耿于怀，就是他非常直男，基本不懂提供情绪价值，我很多时候会被他气到。

比如我们吵架时，他会直接去打游戏，把我晾在一边，几乎快把我气死了。而且他也没有制造浪漫的意识，连情人节送花这种仪式都觉得没必要。我想跟他一起看电影或者综艺，他就说没有兴趣，不想看。我们之间没有太多共同话题，平时只能聊些日常生活的琐事。

我曾跟他反映过这个问题，但他的改变很有限。这样不够甜的感情，还应该继续吗？我很担心缺乏情感共鸣的部分，未来感

情会越来越淡，走不下去。

✉ 覃宇辉：

对于"不够甜的爱情该不该继续"这个问题，我有三个视角可供参考：

首先是搞清楚你需要的核心情绪价值是什么。每个人都渴望甜蜜的感情，但"甜"对于每个人来说，心理意义可能不尽相同。比如在"甜"背后，有些人渴望的是被在乎——另一半心里装着自己，在意自己。吵架时提供安慰，重要节日送礼物，都是体现这种心意的方式。有些人则渴望情感共鸣。比如大家喜欢相同的书籍、电影，有很多共同话题。在"甜蜜感情"这个期望背后，或许是你希望两个人可以双向奔赴，共同奠定被在乎感和情感共鸣的基础，让感情更牢固。

其次是通过更直接、对方更能理解的方式索要情感价值，并鼓励对方朝这个方向努力。不得不承认，每个人的成长背景和思维习惯差异巨大，对你来说是理所当然的安慰和仪式感，在另一半看来却未必重要。但这并不意味着他没有这个能力，而是两个人的思维方式不同。你可以考虑用他能理解的方式，让他提供你需要的情绪价值。如果他是理工科出身，程序化的思维较强，可以给他一些明确的"指令"。例如，吵架后两小时内来问你："你怎么样了？还在生气吗？"并提供安抚的拥抱、摸摸头等肢体动作。情人节、生日或纪念日送礼物，如化妆品、首饰或烛光晚餐。这些具体的指令会让他觉得可执行，你也能获得情感满足。

同时，赞赏对方的尝试，给予对方鼓励，让他感受到为你付出的情绪价值很重要。这会让他在提供情绪价值方面，从"婴儿"逐步成长为"成人"。一个从未提供过情绪价值的"大直男"，很难一步到位成为体贴入微的伴侣，这需要引导和鼓励。你可以用夸奖、星星眼表情或拥抱等"奖励"来激励他更多地尝试提供情绪价值，改进理解你的方式，逐步建立"甜蜜爱情"的正向循环。

最后，重新审视自己的情感需求，降低对伴侣的过高期待。在亲密关系中，我们很容易陷入"退行状态"——像孩子一样，希望另一半像父母那样爱护自己，甚至像妈妈一样读懂婴儿的需求。对于缺爱、未被充分满足情感需求的成年人来说，这种需求会更强烈。

我们需要明确自己的情感需求，是希望对方像妈妈那样读懂自己，还是希望作为两个独立的成年人，彼此理解，在同一个情感频道上。如果是前者，希望对方能读懂并满足自己的所有需求，那这样的期待可能会超出恋人能提供的范畴。我们可以调整到成年人的水平——把感受和期待告诉对方，希望对方尽力满足。如果不能实现，再协调解决。这样，亲密关系中的失望和愤怒感会减少，也更容易感受到"甜"的感觉。

> **未来的婆婆太强势，我该如何应对**

难解的婆媳矛盾

关键词 | 家庭结构，边界感

✉ **小方：**

你好。我和男朋友准备结婚了，但我真的不喜欢他的家庭关系。不仅有七大姑八大姨要认、要走动，而且他妈妈特别没有边界感。她当着我的面总说她儿子小时候的糗事，然后哈哈大笑，结果我和男朋友都非常尴尬。

不仅如此，我觉得他妈妈很强势。因为我男朋友的爸爸常年在外地出差，经常不在家，他妈妈一个人把他拉扯大，所以她习惯安排他的生活，从吃喝拉撒到买衣服，还说要搬到我们的新家住，以后帮我们带孩子。我男朋友并不是那种黏妈妈的妈宝男，但他确实很感恩妈妈的付出和恩情，希望我能忍一忍她。但我真的不喜欢她在，我该怎么调适我的心态呢？

第八章 婚姻的女性挑战

✉️ **覃宇辉：**

对于你提到的与未来婆婆相处的问题，我提供三个角度的建议：

首先，明确家庭结构中每个人的身份和位置，并让真正有冲突的两个人进行协调。表面上看，你不喜欢未来的婆婆，觉得对方入侵和控制了自己的生活。但实际上，问题的核心在于你的男朋友还未完全摆脱心理学上"融合—共生"阶段的特质——允许他妈妈像小时候那样，替他安排和做主。在与母亲相处的课题上，他仍处于与母亲共生的小男孩阶段，而不是已经成熟、即将建立自己家庭的男人阶段。

因此，最关键的不是避免与未来的婆婆发生冲突，而是让男朋友意识到，他与母亲之间残留的边界融合问题，已经开始入侵和影响你们的关系和即将建立的小家庭。他需要从小男孩的心态中走出来，摆正即将结婚的男人的位置，处理他妈妈的控制欲，这样问题就能迎刃而解。

其次，可以和未来的婆婆建立一定的边界感，减少与对方的接触。现代年轻人越来越意识到，结婚虽然是两个家庭的融合，但对方的家人更多是法律上的亲戚关系，不一定要在心理层面喜欢和认同。因此，不喜欢对方的家人，或与对方的家人合不来、看不对眼，实在是正常不过的事情。

明确自己和对方在关系中的位置，从自己的角色出发，建立恰当的边界感非常重要。让男朋友去与他妈妈协调，是保持边界感的一种体现。毕竟他与他妈妈的问题应该由他来解决，而不是让你卷入他们的共生关系中。未来也可以通过男朋友传递信息——你们需要二人世界，并按照自己的理念养育小孩，暂时不需要她的帮忙。

你男朋友感念妈妈的养育之恩，这是一件很体现个人品质的好事。但方式不一定是他接受被他妈妈控制，或者让你忍受她仍然把他当小男孩并介入他的家庭生活。他可以带孩子回家给爷爷奶奶看看，或者让爷爷奶奶在想孩子时，来家里短暂住个一两周。这样你可以减少与他妈妈的相处，不用太委屈自己，同时满足他父母的天伦之乐和情感连接的愿望。

最后，可以看出你男朋友受孝道文化和愧疚感的影响很深。或许你提出与未来婆婆建立边界感会让他大为震惊甚至难以接受，因为这对他来说是一种新的与父母相处的方式。因此，让你的男朋友看到你作为新家庭成员参与他们家庭关系时的不适感甚至窒息感，并帮助他认识到这种"融合—共生"的关系已经开始影响你们的小家庭，是一个需要解决的、对未来影响很大的问题，这一点很重要。如果他具备独立的人格，而不是情感上依赖母亲的"妈宝男"，他应该能够比较快地转变观念，建立与母亲的恰当边界，把你们的小家庭经营好。

第八章 婚姻的女性挑战

> "男朋友出轨，我还能继续吗"

恋爱的契约具有隐含责任

关键词 | 信任危机，重建信任

✉ **梅子：**

我好痛苦，我不知道该怎么办。最近，我无意中翻了我男朋友的手机，发现他有段时间和一个女生暧昧。后来，我查了他的消费记录，发现那段时间他开过几次钟点房。我知道他们一定发生过关系，于是我质问了他。

他承认了，并向我道歉。他说那段时间工作压力很大，情绪控制不太好；而且和那个女生也有一些工作上的交流，所以没忍住多聊了。他已经断了，并保证以后不会再发生这样的事。

这件事对我来说就像晴天霹雳。那段时间我们的关系看起来一切正常，如果不是翻了他的手机，我根本不知道他和别的女生暧昧、上床。我们的关系在我看来一直很好，我开始怀疑他是否还有其他背叛我的行为。这些想法让我痛苦不堪，但我无法停止去想。我该怎么办，我还要不要和他继续走下去？

> **好好恋爱**

覃宇辉：

关于要不要与出轨的男朋友继续下去，你可以考虑以下三个方面。

首先，你是否还能继续下去？继续下去会带来幸福还是持续的痛苦和折磨？遭遇背叛，最大的挑战是内心的芥蒂和信任感的崩塌。或许每次他不回消息，或者回复晚了，你都会怀疑他在做什么；你打电话找不到他时，也会心生不安。即使表面风平浪静，过去的创伤也可能像幽灵一样缠绕着你，让你痛苦和焦虑。怀疑和不信任会让你忍不住检查他的手机，要求视频通话，甚至通过其他方式确认他的行为，结果反而让两人间的怨气越来越深，关系更加紧张。

所以，关于能否继续走下去，你需要考虑自己能否放下这段过去，在警惕与信任之间找到平衡，不让怀疑的幽灵吞噬自己。当然，遭遇另一半的背叛，每个人内心的警报都更容易被拉响，哪怕进入新的关系也会多几分怀疑，这在一定程度上是无可避免的。但是如果跟这个人在一起，你的警报时时刻刻都在作响，你的神经每一天都被折磨，那就要考虑继续走下去，你是会更幸福，还是折磨和痛苦更多。

其次，对方是否觉察到出轨对你的伤害，并反思和调整自己的行为，避免类似事情再发生？处理出轨带来的伤害和信任危机，另一半的态度和表现至关重要。如果他的态度是"我都道歉了，你还要怎样"，急于翻篇，没有充分认识到对你的伤害，也没有和你一起消化信任崩塌带来的痛苦和怀疑，那你将很难相信他仍然是那个关心你的感受、值得信任和依靠的他。

如果他能够意识到出轨严重伤害了你，并愿意花时间与你一起重建信任——包括承受你反复的痛苦、崩溃和怀疑，理解你的神经脆弱和敏感，主动做一些让你安心的举动，如开启定位、视频通话或让你检查手机等，这些努力和诚意或许可以帮助你慢慢抚平创伤，重新建立信任。

最后，关系的漏洞是否能补上，避免类似的事情再发生？假设你男朋友说的是真话，很明显他情绪调节的机制存在漏洞。面对工作压力，他可能通过新鲜感和刺激甚至是出轨来缓解。如果是这样，下次面临大项目或其他压力大的事情，出轨是否可能再次发生？如果要继续走下去，你们需要讨论如何避免通过出轨来缓解压力。例如，不接过多的工作，在他面临重大压力时，及时发现并给予更多情感支持和陪伴。当他的需求在关系中得到满足，外部刺激的诱惑力也会降低。

此外，他与工作中女同事的边界感也是需要讨论的问题。如果遇到工作中他欣赏或有好感的女性，双方都有好感时，他该如何把持自己？或许是：限定谈话范围在工作领域，不加私人微信和聊个人话题；当好感越来越强烈时，尽量换同事来对

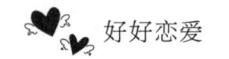

接工作；及时向你坦诚，增强外部监督以提高自制力。如果能够修复这些可能导致再次出轨的漏洞，那你可能更有信心继续这段关系。

> "对象缺乏上进心,我们的未来会不会很惨淡"

不仅是恋人,还是队友

关键词 | 焦虑,沟通

✉ Cindy:

覃老师,我是一名32岁的女性,准备和男朋友结婚。我们在一个南方省会城市工作。我在外企上班,收入还可以。他在银行工作,家庭条件也不错。我们双方家庭一起出了首付买房,月供由我们自己承担,目前两个人的工资也能覆盖,剩下的钱也够生活。

但我很焦虑。现在我们的收入能应付月供、生活和娱乐,但将来有了孩子后,要保障孩子的生活和教育资源,我觉得我们现在的工资有些捉襟见肘。在当前环境下,我也不确定未来是否能发展得更好,能否给孩子提供好的物质和精神保障。

我的焦虑男朋友无法理解。他本人随遇而安,完成业绩、应付好领导和客户就行,平时也不想着怎么往上爬赚更多的钱。

他觉得我们现在的日子挺好,未来也会越来越好,认为我不需要这么焦虑。我感觉这个小家庭的未来,都是我在操心和掌舵,这让我很累,也会怨他。你说我们的未来会好吗?是不是我过度焦虑了?

✉ 覃宇辉:

从这位焦虑的女读者的信中,我看到了三个需要思考的点:

首先,分清现实的焦虑与对未来的想象性焦虑。结婚是人生的重要转折点,许多人在这个阶段会从"我"向"我们"转变,承担起小家庭的责任。这位女读者的焦虑似乎也源于此:"如果我成为妈妈,我是否有足够的力量照顾孩子,撑起这个家?"当你对这个问题的答案不确定时,自然会期望男朋友能够更多地分担。如果无力感加剧,会更期待男朋友能够上进,赚更多的钱,补充家庭所需的资源和保障。当男朋友没做到时,对他的失望和不满也会随之增加。

所以,重要的是分清现实和想象的边界。如果你们的收入无法覆盖房贷、生活和各方面支出,或者勉强收支平衡;并且在考虑要孩子时,各方面开销超过收入总和,那么这是现实的焦虑,需要通过开源节流来解决。如果你们的收入可以覆盖支出甚至绰绰有余,而你更多是在怀疑未来的保障,那这更可能是对未来的想象性焦虑。根源可能是你面对身份转变时的不确定和无力感。

这时，你需要更多的情感支持和力量，就像有个定海神针让你不再害怕。你可以看看你的男朋友或支持系统中是否有这样的人，可以满足你的情感需求。

其次，跟男朋友沟通你的期待，营造共同努力的氛围，让你内心更加踏实和有希望感。如果这是现实的焦虑，你们需要更多地开源节流，可以跟男朋友沟通他的想法，看看他是否认同你们面临现实的经济压力。即使他不完全同意，他是否愿意做一些事情，让你们的生活更接近你的期待？这些努力包括但不限于在银行内部寻找更好的项目，或者从家庭内部挖掘增收的资源和门路。

应该没有人不想赚更多的钱，获得更多成就感和自我实现。但是，如果努力被认为是白费力气，或者努力的难度超过承受范围，很多人就会打退堂鼓。所以，你可以专注于你们的共同目标和利益，看看你男朋友愿意为此做些什么，鼓励他在力所能及的范围内发展，这样你可能更容易感受到他的上进，对未来也更有信心。

最后，设置合理的预期，最大化地根据你男朋友的特质，发挥他在家庭中的作用。每个人的特质是不一样的。有些人向往星辰大海，有些人则喜欢随遇而安的小日子。虽然人有一定的可塑性，但如果他是一条鱼却被要求赛跑，或是一只猫却被要求飞翔，双方都会痛苦和挫败，效果也不会好。

好好恋爱

所以，在对他有期待的同时，理解和尊重他的天性，把他放在适合的位置也很重要。对你最理想的结果，当然是他对工作充满热爱和追求，找到正确的路就能发展得很好，成为你的定海神针，让你更有力量面对人生新阶段的挑战。但如果他不是这样的人，你也可以考虑如何与他分工合作。例如，你在职场上投入更多，积极寻找创收项目，在经济责任上承担更多；他可以帮助你稳定情绪，照顾好家庭，在未来有孩子后承担更多教养责任。找到各自的位置，接受不同的分工，在责任和付出上基本达到平衡，也不失为一种选择。

> **男朋友情绪不稳定，我们还能继续吗**

亲密关系中的"安全装置"

关键词 | 冲动控制，情绪调节，"安全装置"

✉ 小小：

　　老师好，我想问您一个情感问题。我和男朋友在一起3年，感情磨合得很好，已经准备进入领证结婚的阶段。我们婚礼的各项事宜主要是由他来负责和推进。可能是备婚阶段压力太大，他的完美主义和对细节的苛求，加上我对婚礼的期待，以及双方父母对婚礼的各种要求，让他情绪非常紧张。

　　他开始无缘无故地冲我发火。我洗碗没按照他的标准洗三遍，他就会凶我："这点事都做不好，要你来有什么用！"平时一些生活琐事，如果我做得不符合他的心意，他就会吹胡子瞪眼，一副特别凶狠的样子。我感觉他变得很陌生。

　　最让我担心的是，有一次我实在忍不住了，顶了他一句："你凶什么凶，我惹到你什么了！"他一拳狠狠地砸在桌子上，我感觉下一秒他就要打我。后来他冷静下来，也向我道歉说不该这样冲我发泄情绪。老师，您说他是不是有暴力倾向？结婚后如果他压力大而我们发生冲突，他会不会家暴我？我们还能继续吗？该如何改善这种情况呢？

覃宇辉：

对于这位女读者的问题，我们可以从三个方面来考量：

一是男朋友是否对自己的冲动控制和情绪调节问题有觉察，并愿意做出调整。吵架或发生矛盾时感到不爽、愤怒甚至想要撕碎对方是常见的。哪怕进入婚姻，发生分歧时产生"干掉"另一半的念头也是可能的。然而，大多数人具备冲动控制和情绪调节的能力，会告诉自己："虽然很愤怒，但不能动手，还是要好好沟通才能解决问题。"

如果男朋友认识到自己情绪调节方面存在问题，并愿意寻找解决办法，那么关系中的冲突协调起来成功的概率就会比较大。如果他觉得自己没有问题，所有责任都在你身上，那么他很难承认和面对自身的情绪调节缺陷，努力解决问题的可能性也会较小。

二是如果男朋友愿意作出调整，你们可以一起理解引发情绪爆发的触发点，并尽量避免或减少引发这些触发点。可能男朋友情绪爆发的原因是他感知到的"不公平"或"委屈"。从信中可以看出，他在关系中投入了很多，承担了婚礼筹备和协调各方的重任。当他投入如此多时，是否潜意识里也希望你能有同等的付出或在其他方面补偿他，比如在生活细节上更加符合他的预期，或承担他情绪垃圾桶的角色？当这些愿望落空时，他会感到不公平或委屈，导致情绪爆发。

意识到这一点，你可以采取措施减少他的委屈感。比如，在筹备婚礼时多承担一些任务，让他感觉付出是对等的；肯定和欣赏他的付出，给予情感上的支持；在生活中给予力所能及的照顾等。当他感觉到你也在努力，双方投入对等，不公平感和情绪爆发的概率也会降低。

三是设置情绪调节的"安全装置"，让你在关系中有更多的可控感和安全感。即使理解男朋友情绪调节困难，并愿意与他一起减少情绪爆发的触发点，但仍然需要预防情绪爆发。你们可以共同制订并遵守一些规则，比如不能在伴侣面前发脾气和砸东西。如果需要发泄，可以在两人不同时存在的空间进行，比如自己进屋打沙袋；当伴侣提出"我很害怕你打我"或"你好像要情绪失控了"等情况时，暂时停止沟通，及时离开同时存在的空间，直到双方感觉环境重新变得安全时才继续沟通；每次情绪发泄后，通过情绪日记记录、觉察和领悟，寻找情绪触发点并减少情绪失控的频率。

当这些"安全装置"投入使用，就像有一道屏障隔绝和降低男朋友情绪不稳定带来的影响。我们也会更相信伴侣的情绪觉察、调节和控制能力，在关系中获得更多安全感。

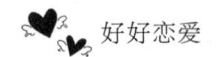

> **男朋友变得孩子气，我该怎么办**

做恋人，不做替代性父母

关键词 | 孩子气，回避，退行状态

✉ 苏小米：

老师，我和男朋友在一起两年了。我原先被他的成熟稳重吸引，觉得他能给我出很多主意，是我可以依靠的大树。我一直是那个小鸟依人、总是跟他撒娇的女朋友。但现在我发现他越来越孩子气了。他会跟我撒娇，遇到冲突时像个孩子一样嘟嘴，躺在床上耍赖。看到一个大男人这样做，我真的很不习惯，甚至有些反感。

他面对问题的勇气和担当也在消失。我们在商量结婚买房的事。我家希望他们家至少能出首付，剩下的月供我们自己还。我父母还会把彩礼和嫁妆一起给我们，这样未来的压力会小一些。

可能他的家庭条件不太好，他觉得出首付和彩礼压力大。我问他有什么解决方案，他却赌气地说：“那结不起就不结了。我有什么办法？"他像个孩子一样回避问题，这让我非常生气和失望。他会不会本来就是一个巨婴，只是伪装得很好？我未来跟他在一起能够幸福吗？我好心累啊。

✉ 覃宇辉：

对于这位女读者提到的男朋友的"孩子气"，我们可以从三个方面来思考：

首先，这很可能是心理学中的"退行状态"。在亲密关系中，当我们与伴侣关系更深入、更亲密时，很容易将一些未被满足的情感需要寄托在对方身上。比如这位女读者把男朋友当成大树，或许也有很多被指导、被帮助的理想化期待，想要通过对方获得安全感和稳定的情绪状态。

对男朋友来说，可能也是如此。如果他一直被要求成熟、懂事、有担当，努力满足周围所有人的期待，他很可能希望在亲密关系中有机会做一个孩子。在这种关系中，女朋友可以像一个好妈妈一样照顾他的感受，不强迫和要求他，而是允许他撒娇和任性。所谓的"孩子气"，可能是他感到这段关系安全，可以释放内心被压抑的情感，希望女朋友接纳和满足他。

其次，可以保持理解但不认同的态度，告诉对方自己在亲密关系中的边界预期。男朋友希望被当成孩子来照顾、宠爱，遇到买房压力想逃避，这些心态是可以理解的，但我们不一定要允许或认同他这样做。当他表现得像个孩子时，可以跟他说："亲爱的，我理解这些事让你压力大，我也能看到这一点。我希望你准备好时，我们回到成年人的模式来协调这些问题。"让他孩子气的一面有表达的空间，尊重他的情感愿望和节奏，同时在需要协商时，召唤他成年人的一面归位，成熟理性地处理问题。

如果男朋友依赖的愿望仍然非常强烈，无法沟通，可以告诉他自己的底线："我是你的女朋友，未来的妻子。我们互相照顾，在情感上支持彼此，但我不是你期望中的妈妈，不能承载你做一个依赖的孩子的愿望。如果你想要我们继续走下去，你需要承担伴侣的责任，有担当，面对压力能够协调冲突和解决问题。"明确亲密关系的边界，以及关系进一步发展需要的前提条件。剩下的就是看他是否有意愿和能力满足这些条件，成为与你携手一生的伴侣。

最后，帮助男朋友建立恰当的情感需要满足机制，找到合适的情感寄托对象。男朋友变得孩子气，大概率是他在情感发育更早期有很多情绪需要未被满足。这部分的诉求是真实存在的，堵不如疏。你们可以协调一个恰当的情感需要满足机制。例如，商量一个周末或某几天，他可以当一个"宝宝"，不被过多要求。

此外，可以看看这些依赖的情感需求是否有更合适的寄托对象。关心他的父母、愿意指点和帮助他的长辈，或者能够承接他的心理咨询师，可能是更好的情感寄托人选。当男朋友的情感需要得到满足，找到合适的寄托对象，他在亲密关系中可能就不会那么孩子气了。

第九章

婚姻的男性挑战

CHAPTER 9

> 女朋友条件一般，我该如何调整心态

爱情的门当户对

关键词 | 心态平衡，活在当下，比较，关注点

✉ **柯勇：**

覃老师好。我和女朋友是通过相亲认识的，现在准备结婚。从一开始，我对她就有些不太看好。她来自农村家庭，家里还有两个妹妹，父母基本顾不上她，她都是靠自己打拼。

她是一个很善良的女孩，也很朴实，将来会是一个好好过日子、心疼人的老婆。她在公司做会计，工作稳定，但收入一般。她平时比较听我的话，也会照顾我，这一点我很满意。

但是，她来自这样的家庭，结婚要出10万元彩礼给父母，未来岳父岳母那边也给不了我什么助力，买房结婚都是靠我自己和家庭的积蓄。有时候我也觉得很辛苦，忍不住想，如果找一个门当户对的城里女孩，就像我的兄弟那样，可能会少一些辛苦。工作累的时候，我忍不住有些嫌弃她，觉得如果她条件好一些，我们的生活会容易很多。我知道人不能既要又要，但这种心态该

| 第九章 | 婚姻的男性挑战

如何调整比较好？

✉ **覃宇辉：**

对于这位男读者的问题，我们可以从三个角度去思考：

首先，平衡考虑与女朋友在一起的利与弊，找到内心的平衡感。可以看到，这位男士的心态是容易往天平的一方倾斜的。当女朋友满足他受照顾、掌控感、被爱的需求时，他内心的天平会倾向满意的一方，觉得她是结婚的好人选。但当自己感到累、压力大以及对方家庭的要求时，天平会倾向不满的一方，觉得女朋友给他带来很多负担。对于这种情况，可以均衡考虑与对方在一起的利与弊，让内心的平衡感不被打破。

例如，在嫌弃对方时，可以想一想："是什么让我选择与她在一起？"提醒自己去看天平另一边的积极部分，如她的体贴、善良和顾家。思考找一个门当户对的女孩的好处时，也要考虑可能面临的挑战，如对方家境优越但有优越感、控制欲强，需要更多的妥协和退让，可能得不到太多情绪价值等。当天平两端平衡时，内心的不满和嫌弃感就会减少。

其次，从当下的选择中看到优势，享受当前的选择。需要意识到，每个选择都有好处和代价。其他未选择的路，并不总是光明的，也会有荆棘和坎坷。与其幻想其他选择更美好，如少奋斗、不用承担那么大压力，不如看到当前选择中的优势。例如，女朋友体贴顾家，愿意支持丈夫，这让我们没有后顾之忧，可以全力以赴地成就自己。看到这个选择中的"家和万事兴""后顾无忧"，好好享受全力拼事业、成就自己的过程，内心的委屈和不满也会减少。

最后，把注意力拉回自己身上，走自己的路，为自己的成长自豪。人总有依赖和比较的心态，尤其希望在比较中找到自信和优越感。但如果这些感受开始影响生活，觉得女朋友不给力，让自己多走弯路，内心对她产生嫌弃和不满，那可以把期待放回自己身上。不是期待女朋友的家庭给自己多少助力，而是关注自己在有了小家庭后可以走多远、飞多高，更多考虑自己的发展。少看别人的高光时刻，多关注和享受自己的人生，比如女朋友的支持和爱，可以全身心投入事业的兴奋感。把注意力拉回自己身上，为自己自豪和满意，从而减少内心的不平衡感，增进与女朋友的亲密关系。

> "结婚生育的压力太大"

婚姻的选择

关键词 | 责任感，调整预期，转变思路

✉ **明祥：**

覃老师，我今年23岁，刚工作不久。我有一个谈了两年的女朋友，现在跟我在同一个城市。想到未来要经历的一系列流程，比如拍婚纱照、办婚礼、买房买车和生孩子，我就感到压力巨大。

我们家的经济条件一般。我还有一个弟弟在家，父母供弟弟上学已经很吃力了。我不想给父母增加负担，但如果全靠我自己，这些事情都需要花费大量的钱和时间。我刚开始工作，工资也不高，根本攒不下来那么多钱。

有时候我会想，人一定需要结婚，承担这么多家庭负担吗？我可不可以不结婚，自己一个人过一辈子？我觉得照顾好自己就不错了，真的不想也负担不了家庭和孩子。

好好恋爱

覃宇辉：

对于这位男读者的问题，我们可以从三个角度来思考：

首先，进入社会后，成人的责任感迎面而来，不想面对的感觉可以理解。这位男读者在规划未来，并评估是否要走这条路，这种做法难能可贵。这种评估能让我们更有可能作出对自己和他人负责的决策，而不是在没有考虑清楚代价和自身能力的情况下深陷泥潭甚至拖累他人。

缓解这种焦虑、减少退缩的方法是用长远的眼光看问题，给自己更多的成长时间。刚进入社会时，起步工资低，承担责任的能力较弱是正常的。就像游戏中的新手，手中只有一根烧火棍，感觉没办法打败守关怪兽是可以理解的。所以，可以考虑给自己6～7年的成长时间。在这段时间里，可能工作有起色，得到领导的重用；跳了几次槽，工资收入明显增加。或者经历了许多打击和考验，像游戏中的老手一样，对婚姻中的挑战更加淡定；与恋人共同成长，彼此信任和相互扶持的能力增强，也不再那么害怕未来的风风雨雨。

也可以使用分步走的思维。一下子想到拍婚纱照、办婚礼、买房买车，就像一步要迈十级台阶，自然压力巨大，不如尝试慢慢来，一步步地往上走。比如暂时没有经济实力结婚，就先提升自己的职场地位，或者攒够第一笔存款。根据自己的情况一步步来，焦虑感也会有所降低。

其次，婚姻生活可以根据预算进行调整。如果一开始就要求过上小红书上的精致生活，比如在豪华酒店办一场盛大的婚礼，买宽敞的大房子，送孩子去国际学校，给孩子报各种兴趣班，的确会压力很大，甚至觉得再怎么努力也实现不了，不如干脆放弃。但是我们也可以选择办一场简单温馨的婚礼，先买小两居或小三居的房子，未来有能力了再换大房子，并在能力范围内为孩子提供最好的教育资源。这样的生活虽然朴实无华，但同样可以过得温馨，有滋有味，同时也能大大缓解"我做不到""我没有钱结婚"的压力和焦虑感。

最后，转变思路，将婚姻视为一种丰富人生体验和成长的旅程。婚姻确实带来了很多压力，比如更重的经济负担，承担为人夫、为人父的责任，以及家庭生活中的冲突和挑战，但婚姻也带来了许多收获——与伴侣的边界融合，更深度的情感连接；有人看护后背，一起面对生活挑战的团队感；解锁丈夫、父亲等新角色，丰富人生体验；以及在责任中不断拓展自己的能力边界，成为更好的人。从自己的需求出发，考虑到婚姻对人生发展的意义，结婚生育的动力可能会更高。

> 对象不想生孩子,我该怎么办

生育的选择

关键词 | 恐惧,焦虑,折中方案

✉ 李一:

覃老师你好。我和女朋友在一起两年了,现在打算结婚。但有一个问题我们一直没能解决,她觉得结婚可以,但不想生孩子。她的理由是她对孩子没兴趣,觉得孩子很吵闹,每次带侄女、侄子都觉得很麻烦。她还提到生孩子需要女性做出很大的牺牲,职业生涯会受到影响,比如新生儿需要母亲频繁起夜,还要考虑孩子的教育问题。这些责任让她感到很窒息。

她还担心自己做不好母亲。她自己的妈妈经常情绪崩溃,脾气很坏,让她每天都提心吊胆。她害怕自己也会被压力击垮,变成那样的母亲。她没有信心能养育好孩子。覃老师,我听她说这些也感到很头疼,不知道如何才能让她对生孩子这件事有信心,不那么抵触。

第九章 婚姻的男性挑战

✉ **覃宇辉：**

针对这位男读者的问题，我们可以从以下三个角度与伴侣沟通：

首先，要理解和接纳对方的恐惧情绪，帮助对方看到自己的能力。从心理角度来看，她不想生孩子，实际上是想回避会激发她无助和恐惧的压力事件。因此，耐心地理解她对生孩子的强烈焦虑是非常重要的。这样，她就不会觉得自己是在被逼迫面对可怕的事情，从而对婚姻和伴侣更加信任。如果你能告诉她"我理解你没有信心做一个好妈妈，生孩子会让你很焦虑"，这种理解可以给予她情感支持，使她的情绪稳定下来。

此外，帮助她看到她与她妈妈的不同之处，以及她的胜任力。例如，可以肯定她的反思能力："我觉得你能够意识到对孩子的影响，并反思自己的行为，这会让你成为一个不一样的妈妈。"也可以赞扬她的谨慎和责任心："你考虑得很全面，这些都是成为妈妈前要考虑的重要问题。"当她的好品质被看见和认可，她会意识到自己可以成为一个负责任的好母亲，从而增强信心，减少对生孩子的恐惧。

其次，要理解她因身份转变而产生的焦虑，并通过更多承担责任来给她吃一颗"定心丸"。女朋友可能对母亲角色感到陌生和不确定，陷入"我可能做不好""我无法胜任"的巨大焦虑。

针对这一点，理解她的焦虑并安抚她的情绪是很重要的。比如，可以说："想到结婚，想到未来会成为母亲，你可能觉得陌生和不熟悉，这种未知的挑战带给你很大的焦虑。"当你帮助她看到对生孩子的抵触背后，可能是身份转变带来的不确定和陌生感，她的情绪或许可以平复下来，减少恐惧。

你也可以引导她与已婚已育的朋友交流，包括为人父母的喜悦和压力，甚至带她参加新手父母的聚会，让她对养育孩子有更多实感。如果她看到的更多是辛酸和压力，比如围着孩子团团转、睡眠不足、协调职业发展和照顾孩子的巨大压力，那么我们也可以引导她看到积极的一面，比如夫妻更加亲近，丈夫变得更有责任心和照顾能力，生命体验更加丰富，快乐的源泉增多。这样，她或许不会过度放大生孩子的痛苦和压力，焦虑水平也会有所降低。

作为未来丈夫的你，能够挺身而出，承担更多家务和情感支持也很重要。比如平时你可以多做一些家务，让她觉得育儿的时候有个可靠的战友一起扛；在她情绪崩溃的时候，你能够做她的"定海神针"，帮助她安抚和调节情绪；你可以主动规划，考虑为家庭增收，以及未来小孩升学的事情，这样她会觉得可以少操心一些，压力和焦虑感也会减轻。

最后，在尊重另一半意愿的同时，考虑是否有一些可以接受的折中方案。当然，不排除女朋友不喜欢孩子，也不愿意承担生育孩子的风险和压力。如果这样，我们需要看自己的意愿。例如，是否可以接受丁克，只是养猫猫狗狗，或者等女朋友在事业上站稳脚跟，年纪大一些再考虑生育问题。或许随着事业发展，年龄和心境的变化，女朋友的生育意愿也会有所改变。当然，如果对方实在不愿意，而这也是我们的底线，双方每天都因此摩擦和痛苦，那么就要考虑在这种根本利益的分歧下，是否还能继续走向婚姻。

好好恋爱

> "如何跟控制欲太强的女朋友相处"

培养相处模式

关键词 | 家庭分工，不安全感，沟通模式

✉ **厚彬：**

覃老师你好，我想问一下如何跟控制欲太强的女朋友相处。我的女朋友人挺好的，但她有个毛病，就是总喜欢指挥我，让我按照她的想法去做。如果我不照做，她就会生气，甚至和我闹。

比如我们要买新家的冰箱和洗碗机，她会在小红书上看攻略，去各个平台比价格，坚持要买某个品牌带××功能的。我觉得其实没必要花那么多预算和时间，结果她就生气，和我吵架，说我不理解她。直到我同意并道歉，她才稍微好一些。

生活中也是如此。她对物品的摆放有规定，甚至对我的工作规划和未来发展也有很多建议。有时候我觉得这样挺好，但有时候也觉得她管得太宽，让我很不舒服。覃老师，你说我该怎么办呢？

第九章 婚姻的男性挑战

✉ **覃宇辉：**

对于这位男读者的问题，我们可以从三个角度来思考：

首先，女朋友可能并非"控制欲太强"，而是需要扮演家庭领头羊的角色，做统筹和安排的工作。比如她来拿主意，决定买什么、做什么，这种分工方式确实会显得她操控欲强。如果想改变这种情况，可以在分工上进行讨论。

例如，新家的装修你负责，家电她来安排，并协商负责的具体程度。比如负责的人列出一个清单，比较不同商家的装修方案，敲定一个相对不错的方案继续推进。同样，对于职业规划，你也可以制订一个设想，分析可能遇到的问题和挑战。当女朋友看到你能承担起规划和统筹的任务，并且做得很好，她可能会愿意接受这样的分工，把更多自主决定权交还给你，而不是事事操心。

其次，女朋友的"控制欲"背后，可能隐藏着深深的不安全感和对失控的担忧。她可能会担心："如果不比较不同方案，吃大亏了怎么办？"或"如果不抓在手心，这件事情搞砸了该如何应对？"在这种预期下，她很难放手，把更多决定权交给你。所以，可以尝试通过主动承担部分"大脑"的功能，让她感受到安全感。就像上面说的，你可以负责找不同的商家，比较装修方案，并且做得不错，让她意识到可以信任你，不用事事亲力亲为。

同时,你也可以让她意识到,她的控制欲其实是在应对内心的不安全感和对失控的恐惧。这个时候,你们可以尝试一起探讨这些情绪的来源,从而帮助她更好地觉察自己的情绪,了解这些情绪对自己的影响,减少对外界的控制欲。

最后,提出你对家庭分工和沟通模式的设想,并明确表达你的需求。女朋友的"控制欲"背后有她的心理问题。这部分因为你不是她的咨询师,难以深入解决。但可以先想清楚你需要的沟通模式是怎样的,在日常生活中建立一些规则和界限,例如哪些事情需要共同决定,哪些事情可以由你单独处理,她不来插手。在此过程中,你们需要不断地沟通和调整,找到一个双方都能接受的平衡点。只有这样,才能在相互尊重和理解的基础上,建立更加健康和谐的关系。

家庭责任很重,一个人把控所有细节会非常消耗自己,甚至产生怨恨。只有两个人分工合作,才能避免一方过度耗竭和痛苦。通过理解这一层次,相信女朋友也会意识到你的意见和参与的重要性,控制欲自然会有所降低。如果冲突还是比较严重,也可以考虑一起参加一些关系辅导课程,或咨询心理咨询师,通过专业的引导,帮助你们更好地理解彼此,改善相处模式。

> **女朋友嫌弃我的原生家庭怎么办**

当感情走向两个家庭

> 关键词 | "缓冲垫",适应,信念系统

✉ **歌池:**

覃老师你好。被女朋友嫌弃我的原生家庭,我对她很失望和受伤怎么办?我们已经确定要走进婚姻,我"十一"的时候想着带她回家看看,也让她跟我的家人更熟悉彼此。

可能因为她是城里孩子,我是从农村走出来的,她到了我家就悄悄跟我说不太舒服,特别是住不惯。她嫌弃我妈妈给我们准备的床品太硬了,而且好像有些不干净,她感觉晚上睡得不舒服。

而且我们老家亲戚是比较多的。各种叔叔婶婶、爷爷奶奶会过来吃饭,或者跟我父母聊天,也想见见这个未来的媳妇儿。但是我女朋友就觉得人太多了,她头很大,不仅认不清楚谁是谁,也没有话题可以聊,就坐在那里不说话。没待两三天,我感觉她就想走了,她不喜欢这个地方。覃老师,我感觉她在嫌弃我的原

好好恋爱

生家庭，我挺受伤的怎么办？

✉ 覃宇辉：

针对这位男读者的问题，我们可以从以下三个角度来考虑：

首先，或许这个女生真正想表达的不是嫌弃，而是来到男方家里觉得痛苦和不适应的感觉。她希望男朋友可以帮助自己调节情绪。显然，对于这个女生来说，接触和融入男朋友的大家庭是一种全新的体验。无论是家庭背景、生活条件、饮食文化还是亲戚关系，她都面临新的挑战。就像生活在草原上的骏马，突然被抛到海洋里要与鱼类打交道，她需要适应和调整的时间。在这一过程中，她或许有很多痛苦和不适应的感觉，想要跟男朋友吐槽，希望对方能帮助自己调节情绪。

对于这位男读者来说，可以给女朋友创造一个"缓冲垫"，帮助她更好地适应这个和成长环境差异较大的新环境。例如，如果女朋友对环境的整洁度要求较高，可以准备干净舒服的床品带回去，让她可以睡得更舒服；如果她习惯使用的小家电老家没有，如加湿器、榨汁机、某些品牌的吹风筒等，也可以准备好，让她适应起来更加舒心。当我们发挥"缓冲垫"的作用，让她在这个环境里待得更习惯，她抱怨和嫌弃的情绪也会减少。

其次，理解女朋友和我们原生家庭中的其他人目前还是陌生的，可能有很多观念、生活习惯不匹配甚至会发生摩擦。我们的

第九章 婚姻的男性挑战

原生家庭里，亲戚之间的关系很亲近，经常有过来玩耍和吃饭的相处，边界感较弱。但是对于女朋友来说，或许她们家很少走亲戚，亲戚之间的关系也不是那么紧密，边界感较强，所以对这种热闹的大家庭不习惯。

我们可以理解对方的不适应，给她更多的时间来调整。或许她会慢慢发现，有一群关系紧密、相互扶持的亲人，也是一种温馨和有安全感的体验。随着她更多接触你的父母、叔叔婶婶和其他亲人，她或许能更了解这些人，甚至喜欢上他们。有了情感连接，适应和融入起来也会更顺畅。当然，我们也不能排除女朋友和亲戚处不来的可能性。如果是这种情况，可以考虑只在大节日和重要的场合带女朋友回家，平时双方就少见面、少交流，尽量减少冲突的可能性。

最后，我们完整的自己，包括我们的来处不能全然被所爱的人接纳，这的确是一件很让人受伤和难过的事情。被所爱的人理解和接纳，是我们天然的一种渴望，这样也可以与所爱的人更亲密融合。但从现实角度来看，这种对爱的滤镜很容易被打碎，没有人能完整地接纳另一个人，总会有摩擦和冲突。

我们也可以采取更适应现实的信念系统：成年人的世界里有摩擦和处不来是正常的。女朋友不一定能很好地融入我们的原生家庭，但如果她愿意调整，能够做好一个媳妇与公婆、亲戚相处的本分，那还是有继续相处的可能性。可以把目光放在如何一起

好好恋爱

好好过日子,未来小家庭如何发展得越来越好上。当基本的底线和主要矛盾得到解决,或许我们的心情也会更平复一些。

第九章 | 婚姻的男性挑战

> **女朋友过度扶持原生家庭**

责任的边界

关键词 | 新身份，主体性，明确底线

✉ **和俊：**

覃老师您好，我最近和准备结婚的女朋友吵架了。以前的一些小事可以忍，但现在这么关键的时刻，她妈妈居然还来找她借钱，说是弟弟的补课费太高，父母负担不了，希望她拿出一些积蓄来帮忙。他们还承诺以后会还，但实际上，他们从来没有还过。

更让我失望和生气的是，女朋友依然毫不犹豫地把钱打给了父母。我说她是"扶弟魔"，她却说父母赚钱很辛苦，作为女儿，她不能看着他们这么艰难却袖手旁观。

这样的情况发生了太多次。我觉得她在不断把责任和压力转移给我。她扶持原生家庭，意味着我们小家庭的重担更多落在我身上。房贷、生活费、未来孩子的教育费用都是大笔开支。我无法接受她继续这样做，但又不知道该怎么跟她沟通，请您帮

好好恋爱

帮我。

✉ **覃宇辉：**

对于这位男读者遇到的困境，我有以下三方面的建议：

一是引导她适应新身份，站在小家庭的立场思考。或许你的女朋友尚未完全适应她即将拥有的新身份——你们小家庭中的一员。她可能还在扮演过去二十多年"父母的小棉袄"或"贴心的姐姐"的角色，而未意识到她很快将和你组成一个新的家庭。在这个家庭中，她需要考虑你们夫妻共同体的利益。你可以温和地提醒她："我们马上就是一个家庭了，你也不要忘记我们两个人的辛苦。"这种方式可以帮助她逐渐意识到，除了原生家庭，她也需要从"我们"的角度来思考问题。

此外，你们可以共同制订一个家庭财务计划，详细列出生活费、房贷以及各项开支。这样，当她逐渐意识到作为妻子的新身份和她在夫妻共同体中应承担的责任，她可能会慢慢建立与原生家庭的边界感，而不是理所当然地继续扶持原生家庭，将小家庭的责任大部分倾倒给你。

二是帮助她增强主体性，摆脱"付出换爱"的旧模式。很多女性之所以会为原生家庭无私付出，甚至觉得支持父母和弟弟是天经地义的，可能是因为她们内心深处的恐惧感。她们长期生活在情感被忽略的环境中，得不到父母的重视和爱，只能眼睁睁看着弟弟或其他人得到这种情感的滋养。只有在为家庭提供价值，如做家务、照顾弟弟妹妹、为父母排忧解难时，她们才会获得夸奖和一点关心。在这种成长环境中，她们可能会形成一个根深蒂固的观念：只有付出，才能获得爱与认可。她们甚至认为，如果不完全奉献自己，就是自私和不堪的。

要改变这种"付出换爱"的模式，关键在于增强她的主体性，让她意识到她本身就是有价值和值得被爱的，不必拼尽全力为原生家庭付出。作为她的伴侣，你可以引导她更多关注自己的感受，比如问她："你真正喜欢什么？""怎样能让你更开心和舒服？"帮助她将注意力更多地回归自身。同时，你可以更多地站在她的角度为她着想。如果她感到疲惫，主动关心她，帮她分担责任；在她情绪崩溃时，耐心陪伴与引导。当她逐渐感受到自己被看见、被理解、被重视，她的自我价值感和为自己着想的意识会更强，就会慢慢放弃用牺牲和妥协来换取爱。

三是明确底线，与女朋友达成平衡。除了期待她作出调整，你也需要明确自己能接受的底线。即便你的女朋友逐渐建立了小家庭的边界，并增强了自我价值感，她仍然会面对父母"你要孝顺""你要支持家里"的要求。与那些没有这样原生家庭负担的女性相比，她可能还是会更容易陷入父母的索求之中，很难完全停止对原生家庭的物质或其他形式的支持。

因此，你需要衡量自己能接受的她对原生家庭付出的程度，并与她协商，达成一个双方可以接受的平衡。例如，她最多可以将两到三成的物质资源用于支持原生家庭，且前提是确保小家庭的利益。如果未来小家庭和原生家庭之间出现利益冲突，她应优先照顾小家庭，只有在有余力的情况下，才能再去支持原生家庭。当你们在边界问题上达成共识，或许彼此的摩擦和冲突也会随之减少。